Universale Economica Feltrinelli

PAOLO CREPET
SOLITUDINI

Memorie di assenze

Feltrinelli

Prima edizione in "Serie Bianca" maggio 1997
Prima edizione nell'"Universale Economica" marzo 1999
Quarta edizione settembre 2001

ISBN 88-07-81541-9

a Maddalena,
ad Alessandra

L'unica cosa di cui ha senso parlare
è la solitudine.

BRUCE CHATWIN, *In Patagonia*

Queste sono storie di persone che ho incontrato nel mio mestiere di psichiatra.

Sono voci, ma anche urla, a volte pianto o ancora silenzi brevemente interrotti.

Non parlano a me solo.

Sono storie vere, ancorché rese irriconoscibili quel che basta per garantirne l'anonimato.

Sono storie vere e dunque marginali: ché del loro dolore e del loro senso nessuno debba sapere, ché il nostro infinito bisogno di rassicurazione non venga lacerato da alcun vento imprevisto, ché le nostre malferme certezze non vengano inquietate dai nostri sensi di colpa. Al centro del nostro interesse deve rimanere l'irreale, la quotidiana finzione. Tutto il resto va allontanato, rimosso. A meno che non si tratti di cronaca, che preferiamo perché effimera, fatta per essere costantemente superata da un'altra più recente e sbalorditiva, dunque ansiolitica.

Queste storie non consentono consolazione, né pretendono di insegnare. Non ostentano di sé, parlano in privato, richiedono complicità.

Scrivendole ho cercato di rendere la loro identità annodandone i nuclei più esposti con quelli più intensamente interiorizzati. Sono storie di frammenti che pure compongono un senso; rappresentano, al di là dei nodi biografici, qualcosa per ognuno. Ci appartengono: per capirlo basterebbe sporgersi dalla trappola in cui siamo caduti, basterebbe allentare la vertigine delle nostre ansie, basterebbe tacere l'eco della nostra baldanza.

Viviamo uno strano paradosso: nessuno può dirsi più solo, eppure tutti, in qualche misura, sentiamo, e temiamo di esserlo. Mai come oggi godiamo di un'incredibile abbondanza di strumenti per comunicare, eppure manchiamo dell'essenziale per dire e sentire. I mezzi di comunicazione di massa ci governano, modificano i nostri comportamenti, entrano nella nostra quotidianità alterandone regole ed equilibri secolari, eppure non possiamo fingere di non accorgerci di quanto la nostra affettività si sia così profondamente desertificata. Ce lo dimostra quell'autismo reciproco che sta paurosamente frapponendo la generazione dei giovani a quella degli adulti. In una delle più ricche ed evolute province italiane è stato recentemente calcolato che un ragazzo o una ragazza su cinque non sanno a chi rivolgersi quando stanno male: non un genitore, un insegnante, un prete, uno psicoterapeuta, un allenatore di calcio, un fidanzato, un amico. Nessuno. Eppure ognuno di quei giovani ha avuto dalla vita molto più di quanto le generazioni precedenti abbiano mai potuto possedere.

Queste storie non parlano esplicitamente di solitudine, anche se la solitudine è il filo rosso che le rende spazi limitrofi. Quel vuoto non ingloba tanto i protagonisti, quanto gli interlocutori e le comparse delle loro vite: genitori o amanti falliti, padri egoisti, madri inconsistenti, medici cinici, psicoterapeuti rituali, amici latitanti, amori assenti.

Quando un adolescente racconta della propria dolorosa distanza da un padre capace solo di riempirlo di soldi, da una madre abbarbicata all'imposizione di regole prive di senso, da un insegnante incapace di ascoltare, chi è più solo: l'adolescente, i suoi genitori o quell'educatore?

Queste storie e il dolore che contengono chiedono qualcosa a tutti: rintracciare il senso delle nostre esistenze senza cercare vanamente di eclissarne la pena, accompagnarlo oltre l'esito del nostro destino, rinunciare alla pietà, strumento da sempre utilizzato per evitare l'assunzione di ogni responsabilità.

Al fondo, queste storie domandano simpatia e compassione. Forse, come insegnano i maestri e i più sensibili, hanno bisogno di relazione e di condivisione per non essere scartate come pretendiamo di fare con le parti più ingombranti e declivi delle nostre vite.

1.

Odio l'odore del borotalco. Proprio non lo sopporto. Forse è per questo che non amo i barbieri, nemmeno quelli di paese, quelli con le vetrate incorniciate di legno, le sedie con il rullo di carta per poggiatesta e gli specchi grandi appesi un po' obliqui in avanti.

Un tempo sì che ci andavo; accompagnavo mio padre alla bottega che stava sulla piazza del paese. Capitava soprattutto con la buona stagione, la domenica mattina: lui ne usciva tutto profumato, io con in mano un calendario che sapeva di lavanda. Mi mettevano a sedere su un divano rivestito di velluto rosso scuro, sdrucito e liso, cosparso di peli e di capelli. Ero l'unica bambina che frequentava quel posto, gli altri erano tutti vecchi, più o meno come mio padre. Il barbiere era un uomo tarchiato, grasso e pelato; non mi parlava mai, anche quando chiedeva di me si rivolgeva solo a mio padre: lui rispondeva sempre con un "benino, benino ma è troppo vivace, deve cambiare" e la cosa finiva lì. Quel negozio sembrava enorme quando dal mio divano lo misuravo attraverso gli specchi che riflettevano i seggioloni di legno e i lavandini di ceramica candida; forse troppo grande per quel barbiere rimasto solo da quando il ragazzo che lo aiutava si era dovuto trasferire all'estero con la famiglia, almeno così dicevano in paese. Si chiamava Pasquale ed era l'unico che mi guardava quando entravo tenendo la mano di mio padre. Mi piaceva, aveva gli occhi verdi e le guance rosse. Nemmeno lui mi parlava, forse era il padrone che non voleva o forse non voleva mio padre.

Immancabilmente, su un tavolino accanto al divano il barbiere mi faceva trovare un giornalino a fumetti: doveva comprarne solo uno ogni tanto, visto che mi toccava rileggere sempre lo stesso per molte domeniche di seguito. Eppure da che Pasqualino non c'era più non rialzavo mai lo sguardo da quei fumetti fino a quando non sentivo l'odore del borotalco che riempiva il locale. Era il segnale che la cerimonia stava finendo: il barbiere, allentata la cravatta e allargato il colletto, spruzzava il borotalco sul collo di mio padre con una pompetta di gomma rossa. Poi gli riabbottonava la camicia, riaggiustava il nodo e spolverava la giacca con una strana spazzola che sembrava la criniera di un cavallo bianco. A quel punto mio padre era già in piedi con la mano affondata nella tasca dei pantaloni per prendere i soldi. Infine, lentamente, ci avvicinavamo all'uscita; il barbiere si sistemava il camice per far bella figura con le signore che passavano davanti alla bottega, spostava la tenda di corde di canapa annodate e si incurvava leggermente in segno di rispetto: "Buona domenica, professore". Mio padre biascicava qualche parola di risposta, mi ripescava con la mano e mi tirava per farmi affrettare il passo, quasi improvvisamente si fosse vergognato di quel luogo.

Il sole era già forte sul selciato del marciapiede.

Dall'altra parte della piazza c'era una pasticceria con i tavolini di vimini sistemati all'ombra di tende polverose. Più in là la scalinata che portava alla chiesa. Aveva gradini larghi di pietra scura, bassi e profondi; la si saliva lentamente come se tutti fossero vecchi ed esausti. Oltre il grande portone, una tenda pesante separava il riverbero calcinato dei palazzi sulla piazza dal buio fresco e segreto della navata.

Salivo quei gradini con mia madre e le mie sorelle; mio padre si fermava ai tavolini della pasticceria.

Fu una di quelle domeniche che, tornando a casa con il vassoio delle paste, ebbi l'impressione che sopra la cornice di pietra del portone di casa fosse appeso un fiocco nero. Lo gonfiava un vento caldo e silenzioso. Provavo una strana sensazione, un misto di gioia e di dolore. Mi vergognavo di essere felice. Doveva essere successo qualcosa di grave: probabilmente qualcuno era morto, eppure nessuno si disperava, nessuno piangeva. Guardavo la faccia di mia madre: era triste come sempre, non di più. Le mie sorelle erano andate ad aiutare in cucina, ma non parlavano sottovoce. Anche mia nonna era seduta al solito posto.

Chi mancava allora? Forse mio padre, eppure c'era: lo vedevo camminare per la casa, lo sentivo ordinare le pantofole a mia madre, che dopo un attimo gliele infilava senza fiatare. Poi si sedeva pesantemente sulla poltrona. Quando si calava tra i cuscini di raso a strisce verdi e rosa emetteva un gemito come fosse costantemente stanco. Apriva il giornale e aspettava che il pranzo fosse pronto. Mai una parola: per controllare che tutto funzionasse a modo suo, gli bastava il suo sguardo impietoso.

Ma quel giorno forse lui non c'era: lo percepivo diversamente, lontano, triste, mal destinato. Quel giorno non era più così bello, curato, elegante; non era nemmeno profumato di borotalco. Perfino la giacca di lino chiaro gli cadeva male; la camicia sembrava stretta, strozzata maldestramente da una cravatta esile. E poi tremava: le dita muovevano in continuazione i fogli del giornale, quando girava pagina il rumore fastidioso della carta non si chetava fino a che non appoggiava di nuovo i gomiti sui braccioli. Emanava inquietudine.

Forse mio padre era morto, finalmente.

Che poi mio padre era morto da sempre, almeno da quando me lo ricordo. Ogni volta che qualcosa non andava in casa, mia madre diceva a me e alle mie sorelle "non fate così, se no vostro padre si sente male" oppure "non fatelo arrabbiare che potrebbe ammalarsi" o ancora "se continuate così lo farete morire di dispiacere". Già, perché mio padre aveva la tosse. Una tosse insistente, secca, penetrante. Una tosse a comando, ricattatoria. Bastava un nonnulla, un piccolo ritardo, uno scherzo, un urlo, la pasta che non era cotta come lui voleva: cominciava a tossire. Lo sapeva chiunque frequentasse la nostra casa: non si poteva contrariarlo, guai a qualsiasi, anche impercettibile, cambiamento del suo ordine. Chi lo provocava subito doveva assistere allo spettacolo di una convulsione, di una serie infinita di rantoli, fino a quando si portava la mano alla gola e il volto gli si arrossava orribilmente. Poi, tutto terminava con qualche lacrima: poche, ma che facevano un certo effetto. Solo mia madre si preoccupava per lui: urlava, sembrava fossero d'accordo, sembrava facessero una sceneggiata. La cosa pareva non riguardare le mie sorelle; forse ero io l'unica a provare fastidio, rabbia, odio.

A parte quella tosse da incubo, la salute di mio padre era sempre stata eccellente. Era uno che teneva all'efficienza fisica; alla prima linea di febbre chiamava il medico, un suo vecchio amico che accondiscendeva a qualsiasi sua richiesta: esami, lastre, consulti con specialisti fatti venire apposta dalla città. Temeva le malattie, aveva orrore del dolore. Non sembrava accorgersi di quello che infliggeva agli altri. Anzi, era come se ne godesse.

Ancor più lo inquietava tutto quello che temeva alterasse il suo aspetto: se scorgeva un brufolo, se col rasoio si faceva un taglietino, se specchiandosi intravedeva un vago rossore della pelle o qualche nuova ruga o delle occhiaie troppo scure, mio padre era capace di incupirsi per giorni o almeno fino a quando quelle terribili minacce non scomparivano dal suo viso. Sapeva di essere un bell'uomo, ammirato, desiderato. Anche se non era più giovane, sentiva di non aver perso il suo fascino, semmai aveva acquistato un'aria distaccata e triste che lo rendeva ancora più inaccessibile.

La sera d'estate mi portava a passeggio per il paese, voleva che fossi vestita in modo impeccabile. Nemmeno in quelle occasioni mi parlava. Camminavo qualche passo dietro a lui, vedevo come salutava galante le giovani donne che incontrava ma con cui non si intratteneva mai: le sfiorava, gli piaceva rapirle per un attimo. Anche nella seduzione preferiva la latitanza, nemmeno il suo sfrenato amore di sé riusciva a renderlo presente se non a se stesso. Di quelle donne non ricordo niente: un abito elegante, un cappello, un sorriso. Non faceva mai posto a nessuno. Era sempre davanti, davanti, davanti.

Mia madre non la portava mai fuori se non a volte la domenica: lei sembrava contenta di stare in casa, diceva che non aveva tempo di uscire, si schermiva. Era una donna di grande bellezza, forse troppo fragile: pareva che il tempo l'avesse prosciugata.

Nemmeno le mie sorelle le voleva mai con noi, ma a loro non importava nulla. Eppure temevano nostro padre, lo temevano moltissimo; temevano le sue botte, la sua violenza improvvisa e bestiale. Quando cominciava diventava tremendo: urlava, si agitava come un pazzo, scaraventava in aria ogni cosa gli capitasse a tiro. Poteva iniziare per un'inezia e poi sembrava non fosse più in grado di chetarsi: andava avanti per ore. Solo mia madre riusciva a fermarlo: usava una calma irreale. Lo tramortiva con la dolcezza.

Quella domenica d'estate capii. Ero troppo piccola per separarmi da lui, troppo grande per farmi legare dal suo filo, per cadere inglobata e impotente in quella tela viscida e mortale. Quel fiocco nero mi era entrato nella testa come un chiodo.

Mio padre era morto, era morto, era morto.

Da quel giorno, ogni volta che tornavo da scuola strisciavo lungo il muro della via di casa sperando di scoprire il fiocco scuro sopra l'ingresso; mi immaginavo di vedere le persiane socchiuse, delle donne a lutto, il tavolino col raso viola e il libro per le firme appena fuori dall'uscio. Mi pareva l'unica cosa che si potesse desiderare a quell'età: essere liberata dalla sua presenza che invadeva tutto, dai suoi ordini perentori, dal suo silenzio squallido, dai suoi profumi dolciastri, dala sua subdola seduzione.

Le mie sorelle non sognavano il fiocco nero, preferivano l'elusione: progetto troppo precario e imperfetto perché, cancellando lui, avevano annullato mia madre. Io non potevo farlo. Conoscevo troppo bene quella complicità che le aveva tolto tutto, vita e affetti, che l'aveva scavata dentro come un acido impietoso. Non potevo abbandonarla, proprio non me la sentivo. Eppure non potevo nemmeno stimarla, ne avevo solo pietà. L'amavo, questo sì; almeno credevo. Ma si può amare davvero una persona senza stimarla? Forse mi ero solo innamorata di una certa idea di mia madre, come lei si era innamorata di una certa idea di mio padre. Probabilmente nessuno di noi ha mai saputo davvero cosa volesse dire la parola amore.

La mia vita si trascinava avanti senza raggiungere un grande senso, senza sprofondare in nessun particolare pentimento. Mia nonna era morta in silenzio: forse aveva visto troppo, intuito tutto. Mio padre era andato in pensione, mia madre in menopausa. Le mie sorelle si erano fidanzate e sposate con dei bravi ragazzi, posati, rispettosi, noiosi. Avevano fatto dei figli senza grandi emozioni, senza sussulti: un pezzo di vita immeritato, inevitabilmente programmato, frigido. Di certo, l'unica scelta voluta era stata quella di fuggire da casa e dal loro padre.

Io, invece, ero rimasta. È vero che tra me e le mie sorelle vi è una certa differenza d'età, eppure non riuscivo a liberarmi di quell'ingombro come avevano fatto loro, senza rimpianti, senza sensi di colpa. Rimanevo, tenace o irrisolta, ma sempre con odio; un odio che mi illudevo rivolto solo verso di lui, verso l'altro, ma che invece silenziosamente mi s'infossava dentro, troppo dentro. Rimanevo attaccata a quella radice avvelenata come se lo smarrimento mi tramortisse. Poi, quasi i miei sensi si svegliassero d'un tratto, mi vendicavo: non so bene di che cosa, visto che era la mia debolezza a farmi restare. Questa coazione era malata, lo sapevo fin troppo bene. Era un legame morboso e perverso che mi costringeva a esagerare, proprio come mio padre aveva saputo fare con la sua molestia. Anch'io, al femminile, avevo assimilato quel suo modo di essere. La mia era una condotta precoce in quanto appresa per difesa, necessaria per costruire un embrione d'identità: di giorno alzavo la voce con mia madre, la notte tornavo tardi. Quando rincasavo lei era sempre sveglia, accovacciata sul divano in tinello, coperta da un vecchio plaid scozzese; non diceva niente, non aveva le forze, non trovava le parole, voleva solo mostrare la sua disperazione per essere rimasta sola.

Nemmeno in quelle circostanze mio padre aveva bisogno di essere presente, bastavano i suoi colpi di tosse dalla camera da letto: si insinuavano minacciosi tra me e mia madre, entravano molesti dappertutto. Erano glaciali come colpi di rasoio. L'indomani mattina ci sarebbe stata la solita sceneggiata, con le solite minacce, forse anche le botte.

In quell'impeto di rivolta impotente e ormai afona avevo assimilato mia madre a mio padre; ormai non facevo più differenza tra loro, sarebbe stato troppo faticoso e inutile.

Mi ero fatta vigliacca, sentivo che stavo crescendo immorale.

Presi a frequentare di tutto, a provare qualsiasi cosa, proprio tutto. L'idea che i miei potessero venire a sapere ciò che mi andava di fare mi eccitava: infatti non facevo niente perché potessero non temere di me e per me.

Fu così che il sesso entrò nella mia vita: precoce come una disgrazia imprevista, scontato come una pratica burocratica. Lo usavo come strumento di difesa per vincere la timidezza, ma anche per sottolineare un'evidente malfidenza. Temevo i maschi, forse perché ero convinta di conoscerli bene: sapevo che dovevo anticipare i loro laconici riti seduttivi, prendere piuttosto che farmi prendere. Avevo deciso che dovevo fagocitarli. Mi divertivo a irretirli, a metterli l'uno contro l'altro. Mi lusingava vederli combattere per me, mi piaceva illuderli per poi sottrarmi: lo stesso gioco che avevo visto fare da mio padre mi riusciva troppo facilmente perché non avessi voglia di ripeterlo, come una giostra che gira invitante e crudele. Mi si addiceva quell'apparente disponibilità, quella fruibilità ingannevole, quell'invito dietro al quale si nascondeva il vuoto, l'assenza.

Anche se facevo finta che così non fosse, le mie amicizie erano inevitabilmente insoddisfacenti: gli uomini li frequentavo solo come occasioni per esercitare il mio talento seduttivo, le donne le vivevo come concorrenti infide o troppo scontate. In realtà, nei maschi odiavo più la fragilità travestita da baldanza che la loro seduttività puerile. Inesorabilmente, quelli che incontravo mi sembravano banali, ripetitivi. Forse cercavo qualcuno capace di improvvisare e di stupirmi, qualcuno che inventasse qualcosa per me, che mi stimasse. Quella sì che sarebbe stata vera seduzione, vero trascinamento, quello sì che mi avrebbe portato finalmente a perdermi. Forse avevo già cessato di cercare, come se qualcosa mi avesse bruscamente e precocemente invecchiata, succhiando spontaneità e desiderio. Ma come avrebbe potuto soddisfarmi quel gioco che si ripeteva in modo sempre così uguale, monotono, imperturbabile? Non mi rendevo conto di quanto la mia vita si fosse anestetizzata, di quanto la mia necessità di appartenenza si fosse stemperata, di quanto mi fosse diventato difficile provare qualche emozione, coinvolgermi, sentire. Perfino il sesso, quelle rare volte che non lo fuggivo, aveva cessato di essere curiosità, complicità spensierata.

Questa carestia di felicità non affliggeva solo le mie relazioni affettive, anche la mia quotidianità procedeva per inerzia, pigra e banale come la giornata di un'annoiata signora di mezza età. A scuola andavo discretamente, malissimo secondo mio padre. Non andava mai a parlare con i professori: si vergognava per loro, diceva. In realtà li detestava perché secondo lui erano solo una massa di ignoranti, gente incapace di farsi rispettare, disamorata del proprio mestiere. Per certi versi aveva ragione: non ho mai conosciuto un insegnante che riuscisse a distinguersi dalla mediocrità o avesse qualche qualità intrigante. Sarà stato dunque per porre rimedio a quel mio scialbo percorso educativo che, a partire dalla quinta ginnasio, decise di obbligarmi, tutte le sere, a un supplemento di precetti. Era un rito cui teneva moltissimo e che si consumava prevedibile: il tinello si riempiva della sua voce stentorea, autocelebrativa, incapace di comunicare. Sprezzante e implacabile enunciava verdetti, emetteva sentenze. Finalmente vestiti i panni dell'educatore, poteva gridare cosa pensava della mia inqualificabile ignoranza, della mia inguaribile indolenza. Anche questa volta il suo rancore, che fuoriusciva in una sequela di parole di odio, era diventato un soliloquio, utile soltanto a lui per impossessarsi anche dello spazio fino ad allora più mio.

Che la vera ragione di quell'eccesso di zelo non riguardasse solo il mio rendimento scolastico era fin troppo esplicito: serviva solo a carpire qualche segreto della mia vita privata e a impedirmi, affaticandomi sadicamente, di fare ciò da cui con i divieti era ormai impotente a trattenermi.

Un solco di indifferenza e di estraneità mi separava oramai da lui.

Capitò per caso. Fu alla fine di una delle tante estati protratte senza senso, stufa di sole e di viaggi senza soldi, che incontrai Marco. Era il fratello più vecchio di uno di quei cretini con i quali facevo trascorrere le notti. Come spesso ci capitava, eravamo a casa sua in attesa di un'idea per trascinarci da qualche altra parte. Marco non lo avevo mai visto perché aveva vissuto a lungo all'estero e perché suo fratello non ne parlava mai. Stavo cercando il bagno ed entrai per sbaglio in una stanza un po' defilata, piena di libri, semibuia. Rimasi sorpresa nel vedervi un uomo: pensavo che nessuno della famiglia fosse rimasto in casa. Marco era seduto di spalle, immerso in una nuvola di fumo, assorto nella musica: i piedi scalzi appoggiati sulla scrivania, il capo reclinato sul lato della bergère a fiori, i fogli di giornale scivolati sulle maioliche del pavimento. Rimasi a guardare, incantata come una bambina. Quella presenza mi rapiva, cercavo di continuare a spiarlo muovendomi con prudenza, convinta che non avrebbe potuto vedermi. Poi, il rumore della porta o forse il mio respiro che d'un tratto s'era fatto più profondo ruppero quel vuoto innaturale. Marco si voltò lentamente, poi rimase immobile come avesse aspettato la mia visita. Ora potevo guardargli il volto. Si accarezzò all'indietro i lunghi capelli lisci invezzositi da qualche filo bianco che sembrava lucente. La forza delle mani contrastava con il loro aspetto curato. Sorrise.

Mi invitò a sedermi su una sedia vicino alla scrivania: iniziammo a raccontarci di noi. Non mi accorsi del tempo che passava né di aver detto ai miei amici che non avevo più voglia di uscire con loro. Così si fece l'alba. Le prime luci ci colsero inattese facendo svanire anche le nostre parole, come si fossero consumate o vi fosse in entrambi l'esigenza di non sciupare quel sogno. Lo salutai in modo imbarazzato, forse sbrigativo. Me ne tornai sola, a piedi. Non avevo certo sonno. Mi sentivo sorretta da una frenesia turbata, ero eccitata e impaurita. Ciò che rimaneva di quella notte era un'aurora d'intensità straordinaria: i colori lividi, radenti, l'umidità leggera accarezzavano le pietre del marciapiede, lavandole. Finii nel primo bar aperto del lungomare: il garzone si ostinava a sistemare sui tavolini fuori dal locale tovaglie di plastica che la brezza sollevava. Dentro c'ero solo io. Non pensavo a nulla, le emozioni giravano troppo leste perché mi potessi fermare a guardarle. Sorseggiavo quel cappuccino come il primo della mia vita. Forse ero semplicemente felice.

Continuammo a frequentarci di tanto in tanto, appena potevamo. Marco mi telefonava quando rientrava dai suoi viaggi e subito ci vedevamo, mi parlava del suo lavoro, dei suoi progetti: aveva un'aria protettiva, autentica. Per la prima volta mi sentivo trattata come una persona, come una donna.

A lungo rimase un legame allentato, libero: un rapporto che non sentivo mai soffocante, impegnativo. D'altra parte, per qualche mese, tra noi c'era stata soltanto dell'amicizia. Poi però, all'improvviso, qualcosa cambiò. Ma solo in parte dentro di me. Il ritmo accelerò come lui volle. Sentivo di perdere il controllo della situazione, eppure non volevo ritrarmi come avevo sempre fatto: provai a non sfuggirgli. Sapevo del rischio che correvo. La sensazione che stavo mettendomi nei guai mi assaliva come un piacere denso. Avevo bisogno di perdermi. Quell'uomo finì così per prendermi senza attese, spodestando quell'idea di dominio delle emozioni che mi ero costruita con superbia e viltà.

Non potevo che cedere senza mediazioni, tanto l'odore dello schianto si era impadronito di me, aveva fagocitato il mio umore, governato i miei sensi. Detestavo quella mia resa incapace, eppure mi lusingava la sua volontà così sfacciata e brutale di avermi totalmente e subito. Sapevo bene che, se dovevo cadere, non potevo che farlo il più rovinosamente possibile. E così è stato.

Dopo qualche settimana andammo ad abitare in una casa che un suo amico ci affittò. Era una tipica casa da studenti, sporca, ridipinta malamente, con le pareti del cesso chiazzate di umidità. Eppure perfino quello squallore mi attraeva, non offrivo più alcuna resistenza anche se oscuri timori mi assalivano la notte, uccidevano la mia spontaneità. I primi mesi di convivenza andarono avanti senza programmi: la curiosità sembrava bastare.

Quando fui sicura che i miei si erano rassegnati alla mia fuga e alla mia assenza, provai ad andare a salutarli. La prima volta fu per un pranzo: sapevo che mio padre sarebbe rimasto fuori per lavoro, dunque ero meno timorosa. Anche se erano solo poco più di sei mesi che non la vedevo, trovai mia madre invecchiata, malconcia. Girai a lungo per la casa tentando di ritrovarvi qualcosa di me, un indizio della mia presenza, dei sapori, delle emozioni rimaste sospese in quelle stanze sempre più spoglie. Ne uscii lacerata dai sensi di colpa: ero stata io a lasciare quella casa che non mi avrebbe più contenuta, né il luogo dove ero andata ad abitare avrebbe mai potuto colmare quel vuoto. Ero turbata, non riuscivo più a trovare me stessa da nessuna parte.

Fu per questo che qualche settimana più tardi decisi di affrontare mio padre; questa volta chiesi a Marco di accompagnarmi. L'invito era per cena. Era una sera d'inizio estate, calda, inutilmente ventilata. Arrivammo troppo presto: mio padre stava seduto sulla sua solita poltrona di raso a guardare la televisione, mia madre era in cucina. Io e Marco giravamo senza sapere dove sederci, come due estranei: forse anche i miei lo erano, eravamo tutti imbarazzati e tutti fuori posto. Dopo qualche battuta formale, di quelle che si fanno quando non si sa cosa dire, decisi di andare ad aiutare mia madre lasciando Marco con mio padre. Iniziai ad apparecchiare la tavola. Passando e ripassando attraverso il tinello sentivo pezzi della loro conversazione: d'altra parte sarebbe stato comunque impossibile non ascoltare la voce di mio padre, tanto l'aveva volutamente alzata.

Durante uno di quei passaggi, mentre stavo portando una pila di piatti, mi accorsi che mio padre parlava di me. Aveva un tono metallico, quello che usava quando doveva uccidere qualcuno. "...non vorrai mica sposarti mia figlia... ma non sai che è una zoccola... in paese se la sono fatta tutti... prova a domandare in giro... con tutte le ragazze che ci sono, proprio di quella ti sei innamorato..." Riuscii appena ad arrivare al tavolo per appoggiare i piatti. Dalla pancia mi saliva una nausea violenta. Mi accasciai su una sedia. Sudavo, mi tremavano le mani. Per fortuna nessuno si accorse che stavo male. Mi avvicinai alla finestra: la brezza diventata improvvisamente fresca mi gonfiò la camicia scollandola dal sudore della pelle. Mi feci forza. Tornai in tinello. Guardai Marco evitando lo sguardo di mio padre. "Andiamocene via subito," gli intimai, riuscendo a non urlare. Marco annuì e mi seguì senza fiatare. Mia madre mi corse dietro per sapere cosa fosse successo, aveva la voce roca e disperata di quando ero bambina e non capiva le mie fughe improvvise. "Ma lasciala andare, non vedi che sta facendo ancora l'isterica... figurati se per una volta poteva farci cenare in pace..." continuava a ripetere sarcastico mio padre, rimasto seduto sulla poltrona di raso a strisce.

Con Marco non ne volli parlare né quella sera né mai; non mi interessava sapere se e cosa aveva risposto a mio padre. L'unica cosa che sapevo era che quella sera si era conficcata dentro di me come una spina. Non riuscivo a scordarla, non riuscivo nemmeno a parlarne. Quella spina aveva trafitto anche il mio rapporto con Marco, qualcosa tra di noi si era guastato. La nostra complicità si era incrinata, come se il disprezzo di mio padre verso di me avesse contaminato anche Marco, macchiandolo, alienando ciò che rimaneva del mio amore per lui. Per me da quella sera Marco aveva cominciato ad assomigliare a mio padre in modo fastidioso, inquietante. Tanto gli assomigliava che, senza che me ne accorgessi, avevo preso a rapportarmi con lui come avevo fatto per tutta la mia adolescenza con mio padre. Davo per scontata la sua disistima di me: forse quella frase terribile non l'aveva pronunciata solo mio padre, forse quelle parole interpretavano anche i pensieri di Marco, forse tutti quelli che mi avevano conosciuto e mi conoscevano pensavano così di me. Forse avevano ragione loro e io torto. Forse non ero una ragazza normale, curiosa, sensibile: ero una zoccola, una pervertita, una ninfomane, una troia. Dunque, tanto valeva convincermene, prenderne atto, assumere fino in fondo su di me quel giudizio morale. Tanto valeva essere davvero quella persona così da poco, di cui perfino il padre poteva pensare cose tanto orribili, sulla cui integrità morale perfino l'uomo che avevo più amato nutriva certo i dubbi più devastanti. Questi dubbi furono la mia trasformazione più profonda e definitiva.

Cominciai a pensare che avrei potuto tradire Marco. All'inizio fu più la rabbia a prevalere: lo vedevo così arreso al mio cambiamento, così inerte e incapace di reagire. Eppure si doveva ben rendere conto che ero diventata un'altra, che non ero più la sua compagna dolce, che non lo cercavo più, che non avevo più bisogno della sua pelle, del suo alito, che non sentivo più dolore quando il suo sguardo si allontanava. Non lo desideravo più, il contatto con il suo corpo mi era indifferente. Forse Marco pensava di avermi presa per sempre, forse si illudeva che la mia pancia e la mia testa fossero assolutamente e per sempre sue.

Così mi decisi e lo feci. Tornando a casa, quella sera, mi accorsi che stavo tremando; nell'ascensore sentivo il cuore che mi saliva in gola, mi annusavo addosso un odore diverso. Di sporco. Mi guardavo allo specchio della cabina di legno che saliva lenta trafiggendo il vano delle scale: finalmente mi sentivo una puttana.

Nemmeno l'acqua calda della doccia poteva togliermi dalla pelle quella sensazione di tristezza assoluta e disperata. Non feci nulla per mascherarmi a Marco, ma lui non se ne accorse.

La notte sognai il fiocco nero appeso sopra il portone, ma non era quello della mia vecchia casa: quel lutto era ormai anche altrove, forse ovunque.

Da allora lo tradii molte altre volte. Non pretendevo tanto, mi bastava che fosse uno carino o simpatico o un po' più colto di me. Marco continuava a vivere come sempre, e io con lui. Avevo anche ripreso a studiare con maggior lena e convinzione; frequentavo le lezioni all'università, davo gli esami, riuscivo anche a prendere buoni voti, fino a che non li finii tutti. Mi mancava solo la tesi.

Un giorno d'inverno mia madre mi disse che mio padre stava male. Non le credetti. Nemmeno le mie sorelle lo fecero: pensavamo al suo ennesimo ricatto. Invece di lì a poche ore morì. Feci una fatica tremenda a tornare a casa, non volevo vedere una scena che mi ero immaginata troppe volte. Di quella morte conoscevo già tutto: i colori, il freddo di quella stanza, il corpo gonfiato, le labbra socchiuse, il rumore del pianto. Sapevo già come stringe una mano che ti cerca per le condoglianze. Sentivo l'odore del caffè che mia madre avrebbe servito alle zie vestite di nero usando il servizio buono di finta porcellana cinese riposto nella vetrina del tinello in attesa dell'evento adeguato. Sapevo anche che quel giorno sarebbe piovuto e che la ghiaia del viale del cimitero sarebbe stata sporca di fango e che tutto sarebbe stato tremendamente grigio e che non volevo vedere nessuno. Sapevo che non sarei mai più andata a trovare mio padre al cimitero: quel cancello arrugginito non l'avrei mai più varcato. Rimaneva mia madre, quella sì; tutto il resto avrei provato a cancellarlo.

In macchina guardavo Marco: aveva la faccia buona. Pensai che avrei voluto sposarmi, ma mi vergognai di chiederglielo in quel momento. Il matrimonio, comunque, non tardò: fu semplice, celebrò un anziano funzionario del comune davanti a qualche amico e a pochi parenti. Mia madre pianse, non so se per il dispiacere o per la gioia. Le mie sorelle non vennero nemmeno alla festa, ma non si persero nulla: fu abbastanza squallida.

Così ricominciò la vita e ben presto tutto tornò a essere come prima della morte di mio padre e del matrimonio. Ricominciarono i nostri silenzi e i miei tradimenti. Qualcosa però era comunque cambiato. Se non altro, l'ufficializzazione della nostra convivenza aveva portato un vantaggio: mi ero liberata dei sensi di colpa, non mi sentivo più fedifraga e nemmeno così puttana. Non che mi sentissi libera, ma almeno potevo staccarmi da lui, finalmente potevo lasciarlo davvero. Era come se avessi assolto un impegno burocratico: necessario, ma lento e noioso. Avevo capito che, perché Marco mi potesse essere totalmente indifferente, doveva diventare mio marito: quel ruolo familiare assunto controvoglia l'aveva definitivamente ucciso. Mio padre era morto due volte.

Riuscii a riprendere in mano la mia tesi, finalmente mi laureai e, solo poche settimane dopo, mi trovai un impiego in uno studio di architetti amici di Marco. Il lavoro mi piaceva, mi sentivo bene nei panni dell'architetto: mi vedevo cresciuta. Mano a mano che il tempo passava, acquistavo fiducia, sicurezza. Le relazioni non mi premevano più come una costrizione, non ricercavo più accanitamente gli affetti. Anzi, più mi tuffavo nel lavoro più mi sentivo socialmente apatica, fredda, distaccata. In realtà stavo usando quel lavoro, usavo quegli architetti, ma non mi interessava sapere quanto sarebbe rimasto per me: probabilmente nulla, se non quei lunghi silenzi che mi accompagnavano in casa la sera, buttata sul divano davanti alla televisione a vedere scorrere immagini senza senso abbrutendomi di gin fizz e patatine.

Né relazioni né sesso, di cui non rimaneva che una sempre più vaga e lontana fantasia. Vivevo malinconie accettabili, brevi momenti di disperazione prevedibile, lunghi istanti di narcosi. Avevo imparato ad amare quell'inquietudine perdente, quasi a compiacermene. Forse era il dolore, il distacco e lo squallore che avevo inutilmente vissuto negli anni passati così in fretta a farmi temere troppo poco la mia solitudine serale.

Oramai mi ero convinta che quell'equilibrio tra le emozioni vissute nella vita professionale e il deserto affettivo del mio privato potesse consentirmi un'esistenza dignitosa, nemmeno più patetica di quella che vedevo tra le persone di cui mi circondavo o che conoscevo occasionalmente. Sentivo di essermi ristrutturata, organizzata. Certamente mi aveva aiutato quel precoce indurimento cui infanzia e adolescenza mi avevano poco a poco costretto. Forse, dunque, si poteva davvero vivere così, fare a meno degli affetti e delle emozioni. D'altronde mi stimavo talmente poco che non potevo pensare di meritarmi qualcosa di diverso da una vita così arresa, deserta, scolorata.

Non mi accorsi nemmeno di Giovanni. Un avvocato brillante, sulla cinquantina, ricco, prepotente, sicuro di sé, anche troppo. Mi fu presentato da uno degli architetti titolari dello studio: erano molto amici e di tanto in tanto Giovanni veniva a trovarlo per poi uscire a cena con lui. Io rifiutavo sempre i loro inviti: mi sembravano due vecchi lumaconi in cerca di una giovane donna con cui fare i galanti per un'ora. Una sera Giovanni capitò in studio, probabilmente senza preavviso; il mio capo non c'era e lui si trattenne a chiacchierare con me. Avevo fatto tardi, l'indomani avrei dovuto consegnare un lavoro importante, ero terribilmente stanca, fuori pioveva e faceva freddo. Per un po' parlai volentieri con lui, tutto sommato era una persona colta e simpatica. Poi gli dissi che ero stanca e che volevo andare a dormire. Si offrì di accompagnarmi; gentilmente declinai. Insistette. Effettivamente pioveva troppo forte e io ero in motorino. Alla fine accettai. In macchina lo guardai mentre parlava con il tono impostato del seduttore professionista. Non stavo a sentire le cose prevedibili che diceva. Soltanto lo osservavo, e lo annusavo. Sentivo il suo profumo, lo rappresentava perfettamente: sobrio, elegante, affabile, accennato ma sicuro. Quella notte, girandomi nel letto, avvertii quell'odore come raccolto sotto le mie coperte: saliva a vampate, tradiva i miei pensieri, non mi lasciava dormire.

I giorni seguenti cercai di non ripensare a Giovanni, mi pareva banale che mi piacesse: era il tipo perfetto per attirare una giovane donna carina e un po' sola come me. Era tutto talmente scontato che ne ero frenata. Eppure sapevo che se avesse telefonato non sarei riuscita a sfuggire a quell'ovvietà. E così, ovviamente e banalmente, accadde. Ancora, ancora una volta il male mi aveva affascinato.

Iniziammo a frequentarci; subito ne fui travolta, rovesciata, sconvolta. Con lui potevo fare la vita che non avevo mai fatto: viaggi, grandi ristoranti, week-end in alberghi a cinque stelle. E poi era sempre generoso, gentile, premuroso. Forse un po' troppo. Eppure mi affascinava la sua capacità di vivere alla grande, apparentemente senza pensieri e senza limiti; mi emozionava l'idea di stare vicino a un uomo potente, ma allo stesso tempo anche attento a me e alle mie esigenze, così rassicurante. Sembrava dotato di una straordinaria capacità di cogliere perfino le mie più sottili e fugaci emozioni, di catalizzarle rovesciando i miei dubbi che sapeva intuire, prevenendoli.

Era una tattica consumata, il gioco invisibile di un esperto manipolatore di anime? La geometria dell'intrusione dentro di me avveniva sapiente: intagliava i miei sospiri per poi sospenderli altrove dilatando la sua presenza con maestria; sezionava con cura chirurgica le mie attese sottraendo l'ingombro di una premura, di un languore, sostituendo all'ultimo istante l'agonia della separazione con una presenza imprevista. Avevo iniziato ad amare, a farmi suturare dalle sue dita esperte ad adorare ogni centimetro del mio corpo, a carpire e a indurre anche la mia eccitazione più rimossa.

Attraverso questo cataclisma umorale, Giovanni entrò nella mia vita tanto precipitosamente da farmi accettare tutto di lui. Non avevo più armi per difendermi, le avevo dimenticate altrove, lontano, addosso a un altro uomo. Non volevo liberarmi davvero del suo pensiero, tanto sarebbe stato inutile. Dopo tutto, per tentare di capire di nuovo chi ero diventata, non potevo che tuffarmi in quel rapimento eccessivo e turbato. Come con Marco.

Giovanni di sé non parlava mai se non per riferire di una sua vita trascorsa molti anni prima e io, intuendo che dietro a quella vaghezza si nascondeva una sgradevole duplicità, mi guardavo bene dal domandargli della sua vita privata. Eppure, come avrei potuto non accorgermi delle sue improvvise assenze, dei suoi viaggi inspiegabilmente prolungati, della voce pateticamente impastata delle telefonate serali? Ad aprirmi gli occhi fu una delle segretarie dello studio la quale, forse impietosita dalle snervanti attese cui Giovanni mi costringeva quando veniva a prendermi al lavoro, mi svelò ciò che mi rifiutavo di capire da sola: Giovanni era sposato e aveva due figlie, una ormai adolescente e l'altra di appena tre anni.

Per qualche mese non gli feci capire che sapevo; probabilmente ancora mi illudevo che prima o poi si sarebbe confidato con me e mi avrebbe considerata finalmente sua complice in questo nuovo gioco. Dopo tutto non mi importava molto che fosse sposato, che la sera dovesse tornare a casa di un'altra e tantomeno che amasse le figlie. Ancora una volta la nuvola densa e maligna della sfiducia scivolava dentro di me, imprigionando completamente, come un magma di catrame caldo, pensieri ed emozioni: se la sua dedizione al mio piccolo mondo era apparente, se non aveva considerazione per me, io ero solo una sciacquetta da quattro soldi.

Aspettai per mesi fino a quando non mi arresi all'idea che continuare a credergli sarebbe stato soltanto inutile; eppure mi rendevo conto che non volevo e non potevo perdere Giovanni e che per tenerlo avrei dovuto vomitargli in faccia tutte le cose che sapevo della sua vita. Fu quel che feci. Usai la maniera più diretta di cui ero capace. Mi accorsi che stavo attingendo alle mie parti più segrete, tenute fino ad allora tenacemente segregate. Fu una serata tremenda. Mi ero decisa ad andare a trovarlo nel suo studio. Mentre ero in macchina mi ero caricata ripetendo ossessivamente a voce alta tutte le parole che avrei dovuto sbattergli sul muso: ogni volta cambiavo tono di voce per convincermi di quelle che avrebbero funzionato meglio, di quelle che gli avrebbero impedito di rispondermi.

Quando entrai, l'ingresso e l'anticamera erano vuote e buie. Giovanni si fece trovare seduto alla scrivania. Aveva assunto una fredda aria professionale: sapeva che la serata non sarebbe andata a finire con il copione di sempre, prima a cena e poi a letto. Fumava lentamente, la giacca del vestito gessato gli stava a pennello, i polsini della camicia candida spuntavano dalle maniche quel tanto da svelare l'oro lucente dei gemelli: era impeccabile, tranquillo, forte, troppo forte. Senza nemmeno sedermi su una delle poltroncine sistemate dall'altra parte della scrivania, iniziai a snocciolare la parte imparata a memoria. La recitai in apnea come una litania. Temevo che mi avrebbe interrotto, ma non lo fece. Riuscii a sfogarmi in poco tempo, poi rimasi in silenzio riprendendo fiato, non riuscivo a guardarlo negli occhi. Mi aspettavo una risposta altrettanto violenta, invece non fece una piega, non mormorò una sola parola. Neanche un segno d'insofferenza. Per fortuna non accennò nemmeno la commedia patetica della negazione a tutti i costi. Semplicemente prolungò il mio silenzio guardando nel vuoto, scansando i miei occhi: era la tortura più lenta, pareva fatta per durare un'eternità, non sapevo come interrompere quel silenzio opprimente. Eppure sentivo che più passavano i minuti, più era come mi rasserenassi e meno lo temessi. Sconsideratamente.

Il rumore della poltrona di Giovanni incrinò quel silenzio artificioso: alzandosi e riaggiustandosi il vestito appena sgualcito, mi chiese scusa. Accennò a una breve spiegazione passeggiando lentamente sul parquet: il tono era pacato, le parole appropriate, persino il ragionamento filava. Alla fine mi chiese di scegliere: o così o niente. Fui sorpresa dalla sua capacità di rovesciare le situazioni, ancora una volta mi aveva messa all'angolo: così, se l'avessi lasciato, avrei dovuto assumermi i sensi di colpa anche di quella lacerazione. E la mia coerenza era certamente troppo gracile per sostenere un ricatto così.

Accettai e divenni coscientemente l'amante di quell'uomo. Ben presto giunsi a sopportare qualsiasi cosa: lontananze, telefonate rubate, scampoli di affetti e di week-end, abbandoni notturni, vuoti, briciole. Perfino l'inibizione della più stupida gelosia. Perfino altre sue avventure. Eppure mi ci trovavo bene, la mia vita parallela con lui era senza assunzione di responsabilità, senza la fatica di un progetto. Anche il sesso era cambiato: era diventato più frenetico, duro, spietato. E io avevo scoperto che lo subivo più volentieri, anche se in esso era scomparsa la gioia e subentrata la necessità di lacerarsi, di sublimare quel vuoto che ogni giorno si allargava ingoiando tutto, anche nefandezze amare e ingiustificate.

Forse mi ero fatta ancor più rassegnata, complice, autodistruttiva. Di certo ero diventata sempre più dipendente da quell'uomo, dalla sua sordida e inutile violenza. Non volevo capire che quella dipendenza era il mio palese rifiuto di crescere, di diventare adulta e autosufficiente. La mia ineluttabile attrazione verso la distruzione di me passava attraverso un'umiliante subalternità da un maschio egoista, anaffettivo, affamato divoratore della mia fragilità. Anzi, tanto più egli eccelleva in queste qualità così scadenti e annientanti, tanto più ne ero fatalmente sedotta.

La mia dignità si era persa lontano. L'aggressività e l'arroganza erano diventati strumenti familiari che ordivano la mia definitiva frantumazione, risposte con cui mi difendevo invano da una devastazione silenziosa e accettata. Ero diventata pavidamente aggressiva con i colleghi di lavoro, arrogante con tutti, anche con la mia povera madre, ormai sempre più vecchia e impotente nel vedere una figlia così sciupata dentro, così dannata.

Dopo quell'ammissione totale e patetica, Giovanni aveva scelto la strada opposta, in modo così apparentemente ovvio che sembrava averla preferita da sempre: iniziò a dirmi tutto e io divenni ben presto la sua complice più fidata.

Lo consigliavo su cosa dire alla moglie, su come fare per ottenere le attenzioni della ragazza che aveva appena incontrato, sull'accettare o rifiutare un invito galante. Venni a sapere tutto di lui:

i minimi dettagli della sua ultima notte d'amore, le emozioni più profonde, i desideri più indicibili. Avevo premura per lui, avevo voglia di accudirlo, di curarlo. Mi ritrovai perfino a consolargli le pene d'amore. Ero diventata una specie di crocerossina convinta che prima o poi l'avrei redento, salvato dal suo male. Non volevo vedere che il male era quello che avevo assorbito come un veleno lento e inesorabile. Al contrario, mi sembrava che tutte quelle attenzioni, quel dovere dovuto, quell'obbligo autolesivo e ricattatorio rappresentassero il modo più forte per tenerlo attaccato a me. Credevo che quel legame perverso fosse anche unico, irripetibile con un'altra donna. A me lui poteva chiedere e dire qualsiasi cosa: questo mi rassicurava, mi illudeva assolutamente. Non mi sentivo umiliata. Ero convinta che fosse l'unico rapporto che potevo permettermi, quello che mi meritavo. Era come se tutto dentro di me fosse già inciso, previsto. Dovevo solo adattarmi a una vita precostituita. L'essere amata, l'essere voluta, l'essere desiderata, se erano condizioni normali, possibili, fruibili per una donna che non aveva accumulato colpe, per me avevano un prezzo altissimo: lo squallore per me stessa, la rinuncia progressiva e definitiva alla mia dignità. Era un segno inciso tanto tempo addietro, ingiusto ma indelebile, il totem della mia infelicità, della mia disgrazia.

In tutto questo sentivo qualcosa di familiare: odori, suoni, silenzi, parvenze di relazioni già subite. Cosa c'era in questo intreccio malefico, in questo amore per i miei sbandamenti, in questa incapacità a frenare il mio perdermi?

Avevo cambiato casa varie volte, naturalmente sempre in affitto. Ogni casa mi pareva più grande e più bella di quella che lasciavo e questo mi dava l'impressione che stavo, nonostante tutto, crescendo. Giovanni non aveva mai cessato di essere generoso e spesso mi aiutava anche economicamente. A lui piaceva che vivessi in un bel posto, o meglio a lui piaceva venirmi a trovare in un bel posto. Non mi davano fastidio i soldi che mi elargiva, non mi sentivo una mantenuta, o a volte forse sì e mi pareva una sorta di pegno che quell'uomo doveva pur pagare per avermi. Dopo tutto anch'io contavo qualcosa: quel poco denaro, ma almeno qualcosa più di niente.

Finalmente riuscii a realizzare un sogno che covavo da tempo: uscire da una città diventata ormai piena di trappole, affollata di sconfitte. Andai ad abitare in un appartamento appena fuori; aveva un piccolo giardino ed era tutto al piano terreno, con grandi finestre che lo rendevano straordinariamente luminoso e gioioso.

Sentivo che sarei davvero rimasta per un po' in quella casa: era quella che desideravo da tanto tempo, il luogo dove fare il punto della mia vita, dove mi sarei ricostruita. Ci trascorrevo più tempo che potevo, l'avevo arredata con attenzione, ero anche riuscita a portarci tutti i miei libri che per ragioni di spazio non avevo mai potuto trasferire da casa dei miei. Quando andai a prenderli, mia madre mi fece trovare sopra uno degli scatoloni il mio orsacchiotto: gli era rimasto solo un occhio, il pelo grigio era ormai consumato, ma era la sola cosa che mi faceva ancora accapponare la pelle. Lo portai nella mia stanza da letto, posandolo sopra il ripiano dell'armadio: di là poteva vedermi quando dormivo, mi avrebbe protetto. Tutto poteva cominciare ancora una volta.

Una notte d'estate faceva un caldo afoso. Non vedevo Giovanni da qualche giorno: era andato all'estero per lavoro, mi aveva detto. Ero inquieta, sudavo. Non riuscivo a prender sonno. Perfino la camicia da notte mi opprimeva. Le finestre erano spalancate, eppure non circolava un filo d'aria: vedevo le punte degli alberi oltre la siepe del mio giardino, erano illuminate dalla luna, immobili anche loro, pietrificate. Poi, non ricordo bene, forse mi addormentai o forse no. Non ricordo. Mi sembrò di vedere delle ombre nel giardino, ma forse erano solo le foglie rianimate dalla brezza. Ma no, era un'ombra: un uomo, forse. Si avvicinò a una delle finestre della mia camera e mi guardò. Potevo vederlo solo in controluce. Non ricordo il suo volto. Scavalcò il davanzale e in un attimo sentii il suo fiato addosso: non riuscivo a parlare. Non riuscivo a muovermi, ero impietrita come le foglie degli alberi. Lui mi sfiorava con la lama di un rasoio che luccicava come attirasse tutta la luce della luna. Mi sollevò appena la camicia da notte. Usava quella lama con la cautela di chi ha già provato quel gioco. Piano piano, un centimetro alla volta. Aveva la perizia consumata di un chirurgo, la calma di un giocatore di poker che sa come assaporare il gusto di scoprire con lentezza le proprie carte. Ero sudata, non volevo guardare. Sentivo la lama fredda che accarezzava la mia pelle calda: su, ancora più su.

Urlai, fradicia di sudore, completamente spogliata; le dita afferravano il lenzuolo. Urlai ancora e ancora. La stanza era deserta, il sole la illuminava impietosamente. Corsi in bagno: la faccia stravolta, i segni rossi sulla pancia. Tornai in camera. L'orsacchiotto caduto per terra, la finestra ancora spalancata, le foglie degli alberi ancora immobili. Tutto era immobile. Era metà mattina, faceva di nuovo caldo, come il giorno prima, come la notte passata.

Non andai al lavoro per qualche giorno, non parlai con nessuno, non volevo che mi vedesse nessuno. Avevo paura che si potesse leggere nei miei occhi quello che era successo quella notte, mi sentivo in colpa, mi vergognavo di me.

Aspettai Giovanni come non mi succedeva da tanto tempo. Appena tornò gli chiesi di venire a dormire da me. Per la prima volta da quella sera non ebbi paura che venisse buio. Giovanni arrivò in ritardo, cenammo rapidamente senza parlare, lui non aveva nulla da dire, io non trovavo le parole. A letto mi avvicinai a lui, provai ad accarezzarlo, cercai di raccontare le immagini di quella notte. Ma fu così difficile, balbettai. Appena intuì cosa stavo per dirgli, Giovanni cambiò atteggiamento. Divenne più curioso. Iniziò a farmi domande, volle che gli raccontassi dettagli che non volevo raccontare, mi costrinse a ripetere ciò che almeno in parte cercavo di scordarmi. Si era appassionato a quel racconto frammentato quasi lo eccitasse. La sola cosa che voleva sapere era se mi fosse piaciuto, se fosse frutto di una mia fantasia erotica, l'emergere di una mia parte latente, repressa dal mio perbenismo, dalla paura di dimostrare fino in fondo ciò che invece ero: una perversa, una ninfomane. Ripeteva ossessivamente le stesse parole "...ma allora ti è piaciuto eh?... Dimmelo, dimmelo... è così che faceva, eh? Dimmelo dai, dimmelo che ti piaceva... ". Urlava e si accalorava quanto più io balbettavo parole inghiottite dalle lacrime. Poi mi fu sopra, mi strappò la veste e mi ebbe brutalmente come mai aveva osato.

Mi alzai da quel letto. Era l'alba. Strusciai dentro il bagno, mi misi qualcosa addosso. Scivolai nella città, camminai senza fermarmi. Non sapevo nemmeno dove ero. Dovevo scaricarmi da quel peso orrendo che mi aveva schiacciato, pulirmi da quel fiato dolciastro e da quell'odore di prepotenza. Solo dopo qualche ora riuscii a fermarmi in un bar. Presi un caffè. Rimasi in giro tutto il pomeriggio, fino a quando non fui completamente stordita. Solo allora decisi di tornare a casa. Era vuota come non lo era mai stata, il letto sfatto, il bagno sottosopra, la televisione accesa. Mi girava la testa. Aprii il frigo, presi una lattina di birra, me la rotolai sulla fronte. Mi accasciai sul divano, inebetita, arresa. Mi addormentai quasi subito. E sognai.

Anche questa volta era notte, ma la casa non era la mia. C'era silenzio, come se tutti avessero perso la parola. Ero a letto e faceva caldo. La finestra era aperta e qualcuno entrava. Era troppo buio, non potevo vedere il suo volto. Questa volta però ero io che guardavo la scena. Sì, quella donna la conoscevo, ma non era una donna: era una bambina e piangeva e quella figura scura non finiva mai di toccarla. Anche quell'uomo ero sicura di conoscerlo, ma non potevo fermarlo. La bambina non si muoveva, non riusciva a farlo e le sue urla non si udivano perché non aveva voce. Solo lacrime. Mi guardava, disperata. Sembrava mi implorasse.

Mi svegliai. La notte era ancora fonda, silenziosa e calda. Ero sudata. Il cuore mi batteva forte, troppo forte. Corsi in camera da letto. Non c'era nessuno.

Solo odore di borotalco.

2.

"Che ci fai qui? Capiti spesso da queste parti?"
"Ci avevo già provato un'altra sera, ma poi ho smesso subito."
"Per me è la prima volta... questo gioco mi incuriosisce."
"Io non ne so quasi niente. È solo mezz'ora che sono qui... stasera non avevo niente da fare, mi attirava l'idea che si potessero incontrare delle persone nuove, magari strane... E tu chi sei?"
"No, dai, comincia tu, dimmi un po' di te... quanti anni hai?"
"Quanti ti piacerebbe che ne avessi?"
"Non so, non ho idea... provo a indovinare: venti. Perché, quanti ne hai?"
"Brava... hai indovinato al primo colpo... li ho compiuti nemmeno un mese fa."
"Meno male, spero che sia vero... avevo paura che tu fossi più vecchio, non mi piacciono quelli più grandi di me. Ma tu ti chiami davvero così o è un nome inventato?"
"E che differenza fa, tanto non mi conosci. Chiamami come ti pare, inventati un nome per me... se poi il mio proprio non ti piace, lo posso cambiare... chiamami Iacopo... è un bel nome, a me piace, mi sarebbe piaciuto chiamarmi davvero così..."
"Iacopo? Non conosco nessuno che si chiama Iacopo... però va bene, è carino, sa di uno bello, figo. Io, invece, il mio nome me lo sono inventato stasera perché c'è la luna piena; hai visto quant'è bella questa notte? Sei vicino a una finestra, riesci a vederla?"
"No, da qui non si vede niente, abito al primo piano e le case intorno sono troppo alte. Da queste parti è come se il cielo non esistesse. In compenso te lo puoi immaginare come vuoi. A te come piacerebbe?"

"Io lo vorrei come quello dei presepi: immagino che i cieli orientali siano così, con tante stelle e una luna molto più grande della nostra, con la luce che imbianca la sabbia del deserto... Oddio, tu adesso penserai che sono una ragazzina scema che fa la romantica in una notte di primavera... forse è meglio che torniamo alle cose che ci dicevamo prima. Perché non mi parli del posto dove stai adesso: è casa tua?"

"Sì... più o meno..."

"Che vuol dire più o meno, sei o non sei a casa tua? Dai, non fare il misterioso, non mi piace se cominci a giocare così."

"Sì, questa è casa mia... cioè no, però è il posto dove vivo da un po'... ma non mi va di parlarne, non è per fare il misterioso... solo è una cosa di cui non voglio parlare, almeno non adesso, non qui, con te, in questo modo. Continuiamo piuttosto a parlare dei nomi... come hai detto che ti volevi chiamare? Ah, già, Luna... no, non mi piace, sa di falso, è come se ti chiamassi... che ne so... Giada, ecco... roba da telenovela. Mi piaceva più quello che hai usato all'inizio, Chiara."

"Ci avrei giurato che ti piaceva di più Chiara, però guarda che anche questo è inventato... comunque d'accordo, come vuoi: allora da adesso io sono Chiara e tu Iacopo, ok? Ora raccontami un po' di te... come mai sei ancora sveglio a quest'ora?"

"Io vado a letto sempre tardi. La notte mi piace troppo, mi sembra di sciuparla se dormo, è come un'emozione che ti si insinua dentro subdola... mi piace. La notte è ormai il tempo della mia vita, è un'amica mostruosamente complice, è una sfida: mi sembra che tutte le sere la debba penetrare, scoprire, svelare. Mi attrae come l'effetto di una droga, mi tira su. Mi piace sentirmela addosso. E poi trovo che anche il silenzio che c'è di notte sia eccitante, no?"

"Sì, la notte piace anche a me, se no mica sarei qui; solo che a volte mi inquieta. Credo sia proprio per il motivo opposto a quello che attrae te: il silenzio mi fa pensare al vuoto e stasera sentivo che ce n'era troppo. Ho cominciato questo gioco proprio perché il silenzio mi stava soffocando. La notte preferisco passarla con qualcuno... ma non mi capita spesso. E poi non so proprio come farei ad andare a scuola se passassi tutte le notti come te, sveglia a parlare con chissà chi... scommetto che per fare questa vita da nottambulo tu non fai niente dalla mattina alla sera."

"Se è per questo vado ancora a scuola, ma effettivamente non me ne frega proprio niente. Sono ripetente, adesso sto facendo due anni in uno. La scuola proprio non mi va, ci vado solo quando ho voglia, per fortuna tra poco finirà: è una cosa inutile, preferisco passare il tempo in modo diverso, leggere per conto mio, fare quello che mi pare. A scuola mi sono sempre annoiato troppo, sempre le stesse cose che non mi appartengono, una gran perdita di tempo... e poi trovo che gli insegnanti siano tutti uguali: non ne ho mai incontrato uno che fosse davvero in grado di ascoltare, sanno solo giudicare. Della scuola mi fa schifo proprio tutto. Scommetto che tu invece ci vai e ti piace anche. Magari sarai una di quelle secchione con gli occhiali spessi che non passano mai i compiti..."

"Ma quale secchiona, io i compiti li copio... a scuola non vado benissimo come pensi tu, me la cavo. E poi non ho gli occhiali e se proprio lo vuoi sapere non sono neanche una cicciona con i brufoli sulla faccia come ti immaginerai le prime della classe. Tu piuttosto... spiegami come fai a non andare mai a scuola: i tuoi non ti dicono niente? Mia madre ogni volta che salto un'ora mi rompe le palle, figurati se non andassi per dei giorni interi."

"Anche mia madre ha provato a mandarmici per forza, ma poi si è arresa. Mi lascia fare, dice che tanto la vita è mia e che posso rovinarmela come voglio. E poi chi la vede mai, mia madre."

"Perché non la vedi mai?"

"Prima di tutto perché appena posso vado a dormire in un'altra casa e poi perché mia madre è invisibile: anche quando sta in casa è come se non ci fosse. Ha una grande qualità, quella di svanire. Le rare volte che si degna di rispondermi arriva sempre una telefonata di qualche sua amica che la salva. È patetica, inconsistente..."

"E tuo padre, nemmeno lui ti dice niente della scuola?"

"Figurati, quello... mio padre c'è ancora meno di mia madre: è sempre in giro, rientra a casa solo la sera tardi, oppure passa con noi i week-end e neanche tutti. Comunque è meglio così perché quando c'è sta sempre zitto: il suo silenzio è pesante, opprimente. Lui si difende dicendo che è stanco morto, ma l'unica cosa che gli interessa è tenere le distanze: è come se avesse bisogno di un cordone sanitario intorno a sé. La sera, quando torna, si mette subito in salotto a guardare la televisione: se ne sta lì, sdraiato sul divano, con un'espressione inebetita che proprio mi fa andare via la voglia di andargli vicino a parlargli. L'unica cosa che sembra animarlo un po' è discutere con mia madre. Di solito si mettono in cucina per non farsi sentire da me: non è che parlano, litigano e basta, non so nemmeno di cosa, non credo abbiano argomenti... a loro basta litigare... Ormai comunicano solo così."

"Perché non si separano?"

"Figurati, saranno dieci anni che ne parlano tutti i giorni, ma non si decidono mai. Secondo me, mia madre lo sopporta ancora proprio perché lui non c'è mai. Lei sostiene che a una certa età l'importante è stimarsi, che in tutti i rapporti dopo un po' la passione svanisce, che tra adulti le relazioni sono diverse da quelle che si hanno da giovani... A me sembrano tutte delle grandi cazzate, roba da ragazzini delle elementari. Se tu li vedessi... quando litigano sembrano proprio due bimbetti che si tirano il cancellino della lavagna. Sai qual è il loro vero problema? È che non hanno il coraggio di lasciarsi e quel che è peggio è che dicono che lo fanno per me. È un'ipocrisia che non sopporto: mi fanno sentire in colpa di esistere, come se la loro infelicità fosse tutta colpa mia, come se io non potessi concedermi nemmeno un attimo di gioia e di serenità, perché quell'attimo sarebbe subito frantumato dalla loro disperazione, dal loro odio, dai loro ricatti. Già, i ricatti: sono l'unica cosa che sanno fare. Eppure la felicità è un credito che ognuno alla mia età dovrebbe poter riscuotere. Sapessi quante volte penso che se non fossi mai nato si sarebbero lasciati chissà da quanto tempo: starebbero molto meglio e forse sarebbero perfino maturati un po'. Invece la verità è che sono loro a non essere stati capaci di crescere e che l'idea di invecchiare soli li terrorizza. Non hanno il coraggio di dirsi in faccia che non si sopportano più, che non vedono l'ora di vivere ognuno per i fatti propri: continuano a recitare questa sceneggiata fingendo di voler continuare a stare assieme. Hanno perso la dignità o forse non l'hanno mai avuta. Però il loro fallimento non riguarda solo loro, questo proprio non lo vogliono capire: questo fallimento è penetrato dentro di me, mi riguarda, mi riguarderà sempre di più. Ma come cazzo fanno a pretendere che io li stimi o che gli riconosca una briciola di autorevolezza?"

"Hai fratelli e sorelle?"

"No. Sono figlio unico, per fortuna."

"Perché, non ti viene mai voglia di avere qualcuno in casa con cui parlare, sfogarti?"

"Guarda che io ci sono abituato a starmene per conto mio. E poi i fratelli, le sorelle... dipende. A volte ti ritrovi in casa degli stronzi egoisti e allora è meglio non avere nessuno: ne ho viste tante di queste famiglie, tra i miei amici e poi ne avrai conosciute anche tu... Beh... a pensarci bene sì, forse un fratello mi avrebbe anche fatto comodo, se non altro perché avrei condiviso con lui i problemi dei miei: invece me li sono dovuti sorbire tutti da solo. Qualche anno fa, per un po' di tempo, mio padre e mia madre non si sono rivolti nemmeno una parola e io ho dovuto fare di tutto: mia madre non cucinava più e dovevo essere io a pensare alla cena, ogni week-end dovevo essere io a metterli d'accordo e poi ancora dovevo occuparmi dei soldi, della macchina, della casa al mare... due palle così... dovevo fare da telefonista, da paciere, da cuoco... tutto. Non auguro a nessuno di vivere un periodo così, spero che non ti sia mai capitata una cosa del genere..."

"No, per fortuna i miei vanno abbastanza d'accordo. Non posso neanche pensare che si separino: avrei un dolore enorme, rimanere sola per me sarebbe una cosa inconcepibile. Anch'io sono figlia unica, sai... capisco bene le cose che dici."

"Avrei voluto anch'io che non capitasse a me, ma i miei non hanno mai pensato ai problemi che mi avrebbero provocato gestendo in quel modo orrendo il loro rapporto. Per molto tempo, quando ero ancora piccolo, avevo una grande paura che prima o poi avrebbero potuto separarsi; adesso non ho più paura perché non ho più attese. Quando due adulti litigano per anni come degli egoisti immaturi, devi fare l'adulto al posto loro... Ti sembrerà strano ma è così."

"E tuo padre... parlami un po' di lui."

"Insegna all'università, diritto privato. Fino a qualche anno fa lavorava alla Statale, adesso è passato a una università privata. Ma soprattutto lavora in uno studio di consulenza, uno di quelli famosi. Ci sono stato una volta sola: hai presente quei posti con i tavoli immensi tutti lucidi, le carte e le penne ordinate sulle scrivanie, le poltrone in pelle e poi le segretarie tutte tirate, precise, con le gonne corte e i tacchi alti, con quell'aria apparentemente sobria ma in realtà seduttiva... Ecco, quello è l'habitat naturale di mio padre... se lo vedi lì dentro gli dai dieci anni di meno: è un cinquantenne giovanile, fighettino, abbronzato, camicia azzurra, cravatta regimental, doppio petto, scarpe con la fibbia... tipico stile da manager milanese. Ossessivamente sempre uguale a se stesso. Mio padre odia l'imprevisto, è totalmente privo di fantasia; nemmeno sognarsi di telefonargli in quello studio senza preavviso: le rare volte che l'ho dovuto fare, era sempre incazzato, mi dava l'idea che gli stavo rompendo i coglioni, che aveva cose più importanti da fare che badare alle cretinate di cui gli dovevo parlare io. Insomma mi fa sentire sempre un ragazzino scemo, mentre lui è il più bravo, l'imbattibile, l'invincibile. È di una noia mostruosa."

"E tua madre?"

"Una poveraccia... hai presente il tipo della ex figona attualmente decaduta? Beh, è lei... una frustrata, una depressa cronica. Secondo me mio padre se l'è sposata solo perché era bella e forse anche perché lei un po' di soldi all'epoca li aveva. Lui da giovane non aveva una lira, i suoi erano dei miserabili venuti al nord con la valigia di cartone; invece i genitori di mia madre vivevano abbastanza bene, anche se non erano certo dei miliardari..."

"E adesso tua madre che fa, lavora?"

"Chi... lei? Figurati, non ha mai fatto un cazzo in tutta la sua vita: pensa solo a lamentarsi che mio padre non le bada più, a programmarsi la vacanzetta da qualche parte con le sue amiche, a spendere soldi per farsi i massaggi, le lampade, per tirarsi su le tette, tagliarsi un po' di cosce o di pancia. Le sue giornate le passa così: in giro per i negozi, in palestra, al cinema... In realtà non sa proprio che fare tutto il giorno, si annoia. Secondo me si detesta, forse non si è mai amata o non l'hanno mai amata. Te l'ho detto, è come un'adolescente che si ostina a non voler crescere perché non tollera di vedersi invecchiare: non riesce ad accettarsi come donna, tantomeno come madre. Rifiuta qualsiasi responsabilità, anzi proprio non le sopporta. Ti rendi conto: una così come può fare la madre? E le amiche che frequenta sono uguali a lei: quando le vedi insieme sembrano il museo delle cere, sono impietrite nei loro trucchi, gonfie di fondotinta, perennemente in maschera, come aspettassero sempre qualcosa che non viene mai. Mi fanno pena. Non ti dico poi cosa sono i figli di queste sceme... degli idioti assoluti."

"Certo che a vivere in una famiglia così c'è davvero da spararsi..."

"Oh, finalmente... lo capisci anche tu che in questi casi l'unica cosa che posso fare per salvare la pelle è pensare solo a me stesso? Organizzare la mia sopravvivenza, cercare di essere il più possibile tagliato fuori da tutti, autosufficiente: ecco cosa mi piacerebbe. L'unica speranza che mi resta è un'assoluta autarchia, solo che poi anche quest'isolamento mi viene a noia e mi accorgo che ho solo un gran vuoto dentro al quale non trovo niente, nemmeno più me stesso. E allora mi sale la disperazione, la rabbia contro il mondo, contro tutti. Mi capisci? Forse adesso penserai che sono solo un cinico, un egoista."

"Cinico no... cioè, non saprei... e poi non ti conosco abbastanza... piuttosto il tuo mi sembra il discorso di uno che è ferito e questo posso capirlo bene. Però mi sembri anche un po'... non so come dirti: troppo duro, ecco, spietato. Come si fa a essere così disperati alla nostra età? Certo che hai le tue buone ragioni, ma sei aggressivo, troppo. Ce l'hai con tutti, con il mondo intero... sembra che ce l'hai anche con me, che mi hai appena conosciuto."

"Ma non è una questione riferita a delle persone in particolare, tantomeno a te... E poi perché dici che sono aggressivo? Io non odio nessuno, nonostante tutto non odio nemmeno mio padre e mia madre. Semplicemente non me ne frega niente di loro, così come non mi importa nulla di tanta altra gente che magari mi vuole anche bene. Mi accorgo che sto vivendo come se non provassi più sentimenti, né buoni né cattivi, come se non mi ricordassi più neanche cosa sono. Non voglio fare l'incompreso... è proprio così: in questo modo non provo più emozioni e sto meglio, mi sento più leggero, più distaccato ma anche più sereno. Mi capisci? I miei mi hanno insegnato a detestare le responsabilità e quando si provano emozioni o sentimenti è come avere delle responsabilità. Ecco perché devo fuggire da tutto questo: non mi posso permettere di stare male, sento di non avere più margini... Quando soffri, quando stai male sul serio, allora è inevitabile che ti indurisci. È come quando ti fai di qualcosa di forte, qualcosa che ti rimbambisce, ti anestetizza. E per fortuna, così non senti più il dolore che ti fanno gli altri. Le botte fanno male, sai, e più le prendi più rischi di diventare sensibile: a tutto, a chiunque, anche al più grande stronzo della terra, perché sei costretto ad accorgerti di lui. E allora ti devi difendere, non puoi rischiare: quella sensibilità ti spaccherebbe in due, in tre, in mille pezzi. E dopo, c'è qualcuno che ti può rincollare, eh, dimmi: c'è qualcuno disposto a rimettere assieme quei pezzi esplosi di te? No, io non l'ho trovato. Per me non c'è. Pensi che sia facile stare così o pensi che dipenda solo dalla mia volontà? Come credi che si possa essere contenti della propria infelicità? No, non puoi costringerti tutti i giorni a farti forza: è che è dura e basta, soprattutto se non hai nessuno con cui parlare di queste cose, qualcuno capace di capirti davvero... Vedi, mi piacerebbe che almeno tu mi credessi, te lo dico sul serio: mi credi?"

"Certo che ti credo... nemmeno ti conosco, perché non dovrei... Però è mai possibile che tu non abbia amici, qualcuno che conosci da più tempo, con cui parli più volentieri?"

"No... amici no, non direi, adesso non più e comunque non li chiamerei così... Persone che conoscevo sì, ne avevo tante, ma non erano amici, solo persone che mi capitava di vedere ogni tanto, quando uscivo, quando facevo qualcosa. E poi erano ragazzi della mia età, che non capiscono niente: come avrei potuto parlargli dei miei problemi... loro pensavano solo a divertirsi, al prossimo motorino che si dovevano comprare, ad andare in discoteca, all'ultima scopata che si erano fatti... Oddio, magari sei anche tu una così..."

"Così come? Boh, non so descrivermi, credo di essere una ragazza normale, come tante altre... certo che anche a me piacciono le discoteche, ma non sono una fissata, non vivo di quello. Però poi... sì, ho tanti amici con cui mi diverto, con cui passo il tempo. Beh... qualcuno con cui ho un rapporto più profondo, qualcuno con cui mi confido e di cui mi fido c'è... però, al massimo saranno due o tre amiche, persone conosciute tanti anni fa, rapporti solidi per fortuna, punti di riferimento importanti. Tu invece sei così strano, così diverso: non hai amici, sembra che non ti interessi niente e nessuno, è come se tutto ti scivolasse addosso. Ma come fai a vivere così? Stai sempre solo, possibile che non esci mai di casa, che non ti va mai di fare qualcosa?"

"E perché dovrei, cosa c'è di male a vivere come me... io vivo così e basta, non mi occorre niente. Anch'io una volta uscivo... però adesso basta, non mi va più. E poi mi piace stare sempre in questa casa, mi sento protetto. Questa casa è l'unica cosa al mondo che pensa a me."

"Non mi dire che non hai nemmeno una ragazza..."

"Uff... che palle! Sapevo che prima o poi me lo avresti domandato. È una domanda scontata... sai? Per me è una questione un po' complicata, ti va bene così? Ma non chiedermi perché..."

"Ma come fa a essere complicata? Dai, spiegami: hai avuto difficoltà a trovare una ragazza?"

"No, non è quello, anzi... dicono anche che sono carino; le ragazze mi sono sempre venute dietro. Ne avrei potuto avere quante volevo."

"E invece?"

"Vuoi sapere la verità? Le ragazze non mi sono mai piaciute, ecco la verità. Non mi ci trovo, non riesco a provare un'attrazione sessuale per loro: ne conosco molte, con qualcuna sono anche abbastanza amico, ma poi non so dirti cosa c'è che non funziona... è come se sapessi già che mi annoio. Per me le ragazze sono troppo prevedibili. Non è per fare delle generalizzazioni, ma per me è stato così da sempre, fin da quando con i miei amici cominciavo ad andare alle feste e loro corteggiavano le ragazze. E poi anche a scuola, al mare d'estate... non si parlava d'altro. Anch'io ci ho provato, ma senza convinzione: lo facevo solo per sentirmi come gli altri, per non farmi prendere in giro, perché non si dicesse... sai come va, no? Ho sempre avuto il terrore che questa cosa potesse venire scoperta e saputa da tutti... dai miei compagni di scuola: sarei morto dalla vergogna. Ehi, che strano: ma lo sai che lo sto dicendo per la prima volta a una ragazza?"

"Ma non hai mai neanche provato a dirlo ai tuoi?"

"Ai miei... ma allora proprio non hai capito chi sono quelli lì. Una volta con mia madre avevo pure iniziato il discorso, ma poi quando lei ha cominciato a capire cosa stavo per dirle è stato un disastro: ha preso ad agitarsi, era tutta sudata, diceva che questi non erano problemi che una madre poteva risolvere, che erano cose di cui dovevo parlare solo con mio padre. 'Sono cose da uomini', così le ha chiamate... diceva di essere sicura che lui mi avrebbe capito, mentre lei, poverina, purtroppo si sentiva 'inadeguata'. E sai cosa è successo qualche giorno dopo? È successo che una sera mio padre, che in vita sua non mi aveva praticamente mai parlato se non di cazzate, è venuto da me e mi ha detto che mia madre gli aveva accennato a 'quel problema', ma che assolutamente non dovevo preoccuparmi: 'era una questione che lui avrebbe risolto', anzi aveva già parlato con uno psichiatra che lui conosceva e dal quale mi avrebbe portato l'indomani stesso. Me lo ricordo come fosse successo ieri. Camminava avanti e indietro per la mia stanza senza guardarmi mai in faccia: niente, nemmeno una pacca sulla spalla, un sorriso. Aveva la voce stridula di quando è incazzato ma non può sfogarsi. E già, perché in quel momento doveva fare il papà. Fumava una sigaretta dietro l'altra, sembrava imbarazzato per me, parlava in fretta come per paura che io lo interrompessi."

"E tu cosa gli hai risposto?"

"Non ho detto una parola. Il giorno dopo sono scappato a casa di un mio compagno di classe e ci sono rimasto tre giorni. Poi è venuta a prendermi mia madre. Mio padre l'ho rivisto solo qualche giorno più tardi. Di questa cosa non abbiamo più parlato: fine, stop, silenzio. Come non fosse mai successo nulla."

"E dallo psichiatra ci sei stato?"

"E che sono matto? Ma ti pare che se a un ragazzo piacciono i ragazzi, il padre l'unica cosa che fa è spedirlo da uno strizzacervelli come un malato di mente? Ma ti rendi conto? Il problema per lui era riparare subito una rotellina del cervello, come si trattasse di un'avaria: basta comprare il pezzo di ricambio giusto. Ma può ragionare così, un padre? Comunque non c'è stato bisogno che mi rifiutassi di andarci: lui non ha provato nemmeno a insistere, tanto in fondo non gliene fregava un cazzo, come di qualsiasi altra questione mi riguardi. Lui i miei problemi li affronta solo con i soldi e due giorni dopo si è già dimenticato di tutto. Ci potrei scommettere tutto quello che ho: era stata solo una messa in scena per far vedere a mia madre che lui si interessava di me. Quant'è stronzo quell'uomo..."

"Scusa se te lo chiedo... vorrei capire... ma tu non ci hai mai nemmeno provato, con una ragazza? Magari scoprivi che ti piaceva e che era solo una fissa che ti eri messo in testa."

"Adesso parli come mio padre: io l'attrazione per i ragazzi non la vivo mica come un problema, non credo sia una macchia sui pantaloni che devi lavar via. A me va bene così, ve lo volete mettere tutti in testa, o no? "

"Perché parli al plurale, adesso?"

"Perché sei tu che parli come tutti gli altri, siete tutti uguali quando si affrontano questi argomenti: non volete ascoltare, siete prevenuti."

"Scusa... volevo solo capire, non è mica facile, sai, è la prima volta che mi capita. Come puoi pretendere che possa capirti, dammi tempo."

"Hai ragione, ok. Comunque, se proprio lo vuoi sapere, di storie con ragazze ne ho avuta qualcuna... l'estate scorsa sono stato con una tizia che avevo conosciuto al mare, ma è durata un paio di mesi e poi è finita. Te l'ho detto, adesso vivo così..."

"E non ti dispiace che quella storia sia durata così poco?"

"No... è finita e basta... tutte le cose finiscono, prima o poi... E poi te l'ho detto, a me le ragazze non piacciono. Nemmeno quella mi piaceva, anche se era carina, simpatica. Solo che dopo un po' che stavamo assieme mi annoiavo, pensavo ad altro. Non mi piaceva nemmeno farci del sesso, non mi attizzava per niente: che ci posso fare? Per me era tutto chiaro, invece lei ci rimaneva troppo male e io non sopportavo che soffrisse per me. Allora ho chiuso. Meglio così, per tutti e due."

"E con un ragazzo hai mai provato ad avere una storia?"
"Oddio, ma cos'è diventato questo, un interrogatorio? Perché adesso dovrei raccontarti tutti i fatti miei? Non li ho mai detti a nessuno... li tengo per me."
"Intanto un po' me ne hai già raccontati. Poi mi interessano, e forse può servire anche a te parlarne con qualcuno... ti fa bene tirare fuori le cose, non bisogna tenerle tanto dentro, dai... Cosa te ne frega, non avrai mica paura che le dica a qualcuno? E poi a chi?"
"E va bene. Basta che però poi non torniamo più su questo argomento, ok?"
"Ok, ci puoi contare, stai sicuro."
"E comunque te l'ho già detto: a me i ragazzi sono sempre piaciuti, li ho sempre guardati. Me li immaginavo, proprio come i miei compagni facevano con le ragazze, solo che poi per me era un inferno. E poi da quello scazzo con mio padre era andata anche peggio: mi sentivo soffocare dai sensi di colpa, ogni volta che guardavo un ragazzo che mi piaceva pensavo che gli altri se ne sarebbero subito accorti e che sarebbero andati a raccontarlo ai miei. Era una sofferenza terribile, un incubo. Fino a quando non ho conosciuto Iacopo."
"Iacopo? Quindi il tuo nome..."
"Sì, è il suo, per questo l'ho usato stasera con te. Penso spessissimo a lui, troppo... è stata una persona molto importante per me, anche se quello che è successo tra noi forse non è stata neanche una vera storia. Lo avevo conosciuto a scuola, Iacopo era un anno più avanti di me. Nel giro di poche settimane era diventato il mio migliore amico: era dolcissimo, simpatico, pieno di vita, un po' bullo, uno di quei tipi anfetaminici che vogliono fare sempre un casino di cose... Non so come dirti, erano passati solo pochi giorni e fra noi si era stabilita un'intimità imprevista, tutto era diventato improvvisamente eccitante. Sentivo che di giorno in giorno mi stavo sempre più attaccando a lui, sapevo che per lui avrei potuto fare qualsiasi cosa. Provavo uno strano piacere: quello di appartenergli, di dipendere da lui. Non posso dire di averlo amato: ci stavo bene, ecco. Non ero mai imbarazzato, persino i sensi di colpa che mi sommergevano ogni volta che provavo queste sensazioni erano spariti. E poi mi sentivo capito. Con lui stavo fuori di casa tutti i giorni: studiavamo assieme, andavamo a giocare a tennis, a sciare..."
"Tu lo sapevi che era gay?"

"No, non me lo sarei mai immaginato. Fu lui a dirmi che aveva già avuto un paio di avventure con dei ragazzi. Mi scattò una curiosità pazzesca: mi piaceva che mi raccontasse tutto, ogni dettaglio. Iacopo intuiva che queste storie mi eccitavano e a lui piaceva che mi piacessero, anche se non gli avevo mai detto delle fantasie che mi facevo di lui."

"Stavate sempre voi due e basta, o frequentavate anche altre persone?"

"All'inizio stavamo sempre noi due soli, ma dopo qualche settimana avevamo cominciato a frequentare ambienti omosessuali: la sera mi portava in un pub frequentato da gay, si beveva, ci si faceva qualche spino. Lì ho preso le prime pasticchine e anche le prime tirate di coca..."

"Ma ti facevi anche di eroina?"

"No, eroina mai, gli aghi mi fanno terrore. Adesso non so se da solo avrei mai il coraggio di fare tutte quelle cose, però con lui mi piacevano... Se fosse stata solo trasgressione sarebbe durata di meno: è che una volta tanto mi sentivo importante per qualcuno. Volevo essere come lui mi voleva."

"Quanto è andata avanti questa storia?"

"Di sicuro all'inizio non è stata una storia: solo stavamo sempre assieme, ma non avevamo una storia. Fino a quando un'estate, appena finita la scuola, mi disse se volevo andare a casa dei suoi al mare, tanto non c'era nessuno perché la sua famiglia era rimasta in città... Lo chiesi ai miei che mi lasciarono andare stranamente senza rompermi, forse perché una volta tanto ero stato promosso. Così siamo rimasti lì per un paio di settimane: era una grande casa tutta dipinta di bianco, in mezzo alla pineta, a due passi dalla spiaggia. Non avevamo amici, non conoscevamo nessuno, passavamo tutto il tempo assieme. La sera dormivamo nello stesso letto, ci raccontavamo, ridevamo... lui si era portato del fumo e qualche volta andavamo in discoteca a sentire un po' di musica e a comprare qualcosa per sballare. Una di quelle notti che eravamo un po' fuori di testa, avevamo bevuto un sacco di birra, fumato... eravamo sdraiati sul letto... non saprei nemmeno dirti come abbiamo iniziato, è stato così, mi è sembrato naturale... forse anche a lui. Ci siamo toccati, ma non è stato un granché, forse persino deludente. Tutto sommato non ho sentito nemmeno una grande emozione. Poi ci siamo addormentati senza dire nulla. Quando la mattina mi sono svegliato, Iacopo era già andato al mare. Mi sono sentito solo, abbandonato. Non ne abbiamo parlato e non è accaduto più nulla per tutto il resto di quei giorni, tranne l'ultima notte, quando l'abbiamo rifatto. Ma anche quella volta è stato senza felicità, così... come avessimo dovuto farlo. Tornati in città, non sembrava fosse successo niente. Tutto si era consumato troppo in fretta. Iacopo era cambiato, non so bene perché, non me lo ha mai detto, né io gliel'ho mai chiesto. Si era staccato, forse si era improvvisamente scazzato di me: sempre più spesso trovava delle scuse per non studiare con me, al pub non mi portava più, telefonava di rado: insomma faceva lo stronzo. Io non volevo accettare che non mi volesse più e forse ho perso un po' la testa: ho cominciato a fargli le poste, lo spiavo, tormentavo gli amici per sapere di lui, sono arrivato a scrivergli lettere piene di insulti e di ricatti. Sì, lo so, mi sono comportato come una ragazzina gelosa. Mi ero messo in un cortocircuito terribile: più lui faceva lo stronzo, più mi attaccavo al suo ricordo, più mi sembrava impossibile vivere senza quel legame e più ancora lo ricattavo. E lui reagiva con indifferenza, la cosa peggiore."

"E come è andata a finire?"

"Dopo qualche mese ho saputo da un amico che aveva una storia con un ragazzo più vecchio di me. Quella volta, stranamente, ho reagito con lucidità: ho smesso di cercarlo. Poi Iacopo fece la maturità, si iscrisse all'università in un'altra città e praticamente non l'ho più visto se non qualche rara volta da lontano, passeggiando in centro."

"E da allora non hai più avuto rapporti con altri?"

"No, assolutamente no. Anche se all'inizio, per qualche mese, ho cercato di continuare a frequentare le persone che avevo conosciuto con Iacopo. Ma non era più la stessa cosa, nessuno riusciva a interessarmi. Ostinatamente, inutilmente continuavo a fare le stesse cose: mi ubriacavo, mi facevo di pilloline..."

"Perché le prendevi?"

"Mi piaceva l'effetto: mi tiravano su, mi sentivo in grado di reggere il confronto con gli altri che vedevo sempre più bravi di me... anche la musica mi piaceva di più quando la sentivo impasticcato..."

"Che pilloline prendevi?"

"Noi le chiamavamo Snoopy, ma hanno mille altri nomi. Il contenuto è sempre lo stesso: ecstasy... Non mi dirai che non ne hai mai sentito parlare?"

"Certo, però non le ho mai prese. Tu invece chissà quante te ne sei fatte..."

"Per un po' di tempo sì. Tutte le sere mischiavo quello che c'era: alcol, cocaina, fumo. Quando mi facevo uno Snoopy poi mi sentivo bene, disinibito, stavo meglio con gli altri: era come se per un po' non avessi paura delle persone, mi sentivo... come si dice... empatico: l'effetto non si può descrivere con le parole, bisogna provare."

"Provare? Neanche per sogno. Io ho paura di perdere il controllo di me, devo sentirmi sempre presente, per carità... l'ecstasy..."

"Sai qual era il casino più grosso? Che poi, quando l'effetto finiva, mi sentivo ancora peggio, ancora più inadeguato... alla fine avevo sempre più paura di uscire di casa. La depressione e il suo carico infernale di autodistruzione avevano vinto ancora una volta."

"È per quello che hai smesso di frequentare anche quei ragazzi?"

"Sì, mi ero annoiato anche di quella vita lì, dopo un po' è sempre la stessa gente. E poi io cercavo ancora Iacopo, ma lui non c'era più. Per un po' di tempo mi compravo la roba e me la facevo a casa, ma era terribile... buttato lì sul letto a guardare i miei poster aspettando che facesse effetto... una tristezza assoluta. Adesso ho smesso anche con gli sballi, non ho voglia di uscire, al pub non ci vado. Gli amici, i legami nemmeno li cerco più, anzi ne ho terrore. Non voglio star male. E poi adesso basta. Non mi va di parlare di queste cose."

"E allora perché me ne parli?"

"Boh... forse perché non ti conosco... già, ti dico tutte queste cose perché non so nemmeno se ci sei... Meglio così."

"Vuoi dire che ti dispiacerebbe conoscermi davvero?"

"Non lo so, adesso mi va bene così: tu sei lì e io sono qui. Ti prego Chiara, non mi chiedere di più."

"Ma ti sei almeno accorto che ancora non mi hai chiesto come sono fatta... è mai possibile che non hai un po' di curiosità di me?"

"Se è per questo nemmeno tu mi hai chiesto nulla di me, tranne l'età. E poi, se te lo domandassi, tu potresti inventarti qualsiasi cosa... quindi che te lo chiedo a fare?"

"Guarda che questo vale anche per me, sai... e poi come si fa a mentire quando tutto può essere una grande balla, che gusto c'è? Tanto vale dirsi la verità: forse ce la stiamo già dicendo..."

"E allora facciamo così: ognuno si immagina l'altro come vuole, senza bisogno di dirselo. In fin dei conti è anche meglio... poi magari, questa notte, quando andremo a dormire, ognuno potrà pensare di aver conosciuto la persona che cerca. Carino, no? Non ci sarebbe nemmeno l'angoscia che tutto possa finire in un attimo, perché potrebbe andare avanti all'infinito, fino a quando vogliamo... tutto nella nostra testa, tutto nella nostra fantasia..."

"Se dici questo, vuol dire che hai già paura di perdermi... e neanche mi conosci... ma come fai ad avere paura di perdere chi non c'è? Io invece credo di essere diversa da te, non ho paura della realtà, non la odio affatto. Sai, anche per me le cose non sono sempre andate come avrei voluto; tu non hai neanche un'idea di quante volte mi sono sentita perduta, senza nessuno che mi potesse capire. Eppure anche quei momenti sono passati, adesso guardo avanti senza grandi illusioni ma anche con curiosità... Non sei mica il solo a soffrire."

"Ma tu che ne sai di me? Ti ho raccontato solo una briciola della mia vita e già spari giudizi. Figurati se voglio essere l'unico a stare male! Non ci tengo proprio. E poi chi ti ha detto che io sto male. A me non importa un cazzo di niente, neanche di stare male."

"E allora cosa cerchi?"

"Non cerco proprio niente. Se non ti aspetti niente non hai neanche più paura di niente. Perché, te ne frega qualcosa?"

"Adesso stai facendo il ragazzino, ricominci con l'aggredirmi. Io non c'entro con i tuoi problemi, nemmeno ti conosco. Questa sera volevo solo parlare con qualcuno... non so perché, ma ero sicura che avrei incontrato una persona speciale. Tu non ci crederai, ma qualcosa mi diceva che sarebbe accaduto: proprio questa notte, proprio con questa luna. E forse tu sei davvero uno un po' speciale, solo che quando entri dentro queste tue paranoie contro tutti e contro tutto, allora diventi proprio banale, come tanti altri ragazzi che ci sono in giro. Sì, proprio quelli che parlano solo di motorini e di discoteche, quelli che ti fanno così schifo: anche loro non sanno distinguere. Io non volevo mica angosciarmi con i problemi degli altri, stasera volevo solo star bene... è così difficile, capita così di rado... E tu eri quello giusto per stare bene."

"Perché parli al passato? Ti sei già stufata?"

"Non è che mi sono stufata, è che vorrei che questo gioco non fosse solo un gioco, vorrei che fossimo noi per davvero. Anche se deve finire, anche se può essere tutto falso, mi piacerebbe che almeno per un attimo tutto accadesse davvero... Qualcosa di speciale, almeno per una notte. E poi vorrei pensarti come sei nella realtà: mi piacerebbe essere la tua occasione di parlare non solo a me, ma anche a te stesso. Ma tu invece scappi, ti difendi... ma perché, da chi?"

"Per non scappare dovrei potermi fidare di te: e come faccio se neanche ti conosco?"

"Ma l'hai detto tu che ti è più facile parlare proprio con una sconosciuta come me... Questo è davvero il rapporto più libero che possiamo avere, senza condizionamenti... possiamo smettere quando vogliamo, basta un attimo, non ci vuole niente. Ma così nessuno potrà mai fare del male all'altro. L'importante è crederci."

"Vuoi dire che visto che ci siamo incontrati per caso, per caso smetteremo di giocare..."

"Non credo alla casualità, penso che il destino ci appartenga. Penso che ognuno ha il destino che si merita... forse noi stasera ci siamo meritati di incontrarci."

"Ma che cazzo stai dicendo, cos'è che mi merito io: di avere un padre egoista che pensa solo ai soldi e una madre deficiente che si interessa solo della sua cellulite? E perché mi meriterei tutto questo, chi se li è mai potuti scegliere i genitori? Che male ho fatto per essere nato in una famiglia come la mia? E poi magari è colpa mia anche se mi è piaciuto uno come Iacopo, uno che mi ha usato finché ha voluto e poi ha fatto lo stronzo come chiunque altro? Adesso sta a vedere che è colpa mia anche questo..."

"Ma io non penso che siano nostro merito o demerito tutti gli aspetti della vita, ma solo le scelte che facciamo proprio noi, comprese quelle sui genitori. Se non fosse così, uno si adagerebbe, finirebbe per utilizzare le proprie difficoltà come alibi per non fare nulla... sarebbe come ammettere che il nostro destino ci possa annichilire prima ancora di poterlo vivere. In fin dei conti sei stato anche fortunato ad aver vissuto così finora..."

"Questa poi... mi pare un'altra cazzata colossale..."

"Voglio dire che, da quello che ho potuto intuire di te, sei nella condizione di poterti scegliere il tuo futuro. La storia dei tuoi non ha inciso più di tanto sulle tue capacità di costruirti un futuro, anzi ti ha aperto gli occhi, ti ha fatto crescere. È così anche la storia con Iacopo. Credo che tu, rispetto a tanti ragazzi magari più fortunati, possa avere una marcia in più, essere più maturo, più sensibile. Solo che se poi concludi che è meglio ritirarsi dal mondo, allora..."

"Quindi, secondo te, tutti i ragazzi per maturare dovrebbero avere dei genitori separati o passare per chissà quale altra sfiga...

Sai che ti dico? Che queste cazzate le pensa solo una persona che ha avuto una vita facile... tu avrai pure avuto i tuoi problemi, come tanti altri: ma io ti sto parlando di dolori, di dolori veri, non di seghe mentali..."

"E chi ti dice che le mie siano solo seghe mentali, ma come ti permetti? Tu credi di essere l'unico al mondo che sta male, sei un saccente. E poi come potrei parlarti e crederti se nemmeno vuoi provare a raccontarmi davvero qualcosa di te..."

"Di me? Guarda che non ho mai raccontato niente di me a nessuno e a te ho già detto un sacco di cose, non ho mica un rubinetto..."

"Lo so che mi hai già raccontato tante cose che non avevi mai detto a nessuno, ma mi piacerebbe sapere qualcosa di più vero. Ti pare così strano?"

"Non so... adesso non capisco più... comunque non adesso, non stasera. Proprio non me la sento di continuare, ora."

"E allora quando?"

"Non so, se vuoi ci possiamo dare un appuntamento..."

"Che vuol dire, come si fa?"

"Ci diciamo un'ora e un giorno precisi, ci ritroviamo qui attraverso i nostri nomi inventati e continuiamo a parlare. Ti va?"

"Non so... facciamo come vuoi... ok, d'accordo."

"Allora tra una settimana... giovedì prossimo a mezzanotte, ok?"

"È sicuro che ci sarai?"

"Sì, te lo prometto."

"Ok, ciao."

"Ciao."

"Ehi, allora ci sei!"

"Certo, eccomi, vedi che siamo riusciti a ritrovarci. Puntuale, no?"

"Pensavo che non saresti mai venuto a questo appuntamento, avrei giurato che mi avresti dato buca... bravo, sei riuscito a sorprendermi... Cosa hai fatto questi giorni?"

"Niente, assolutamente nulla di speciale, una settimana come le altre, sono rimasto qui, ho perso tempo... E tu?"

"Anch'io, più o meno come al solito: sono andata a scuola, ho visto un po' di amici... sono stata anche a una festa, ma era una palla micidiale. Ti ho pensato spesso, avevo una gran voglia di incontrarti di nuovo... lo sai che un po' mi sei mancato?"

"Davvero? Sarà come dici tu, ma mi è difficile pensare di essere davvero importante per qualcuno."

"Adesso non ricominciare a piangerti addosso. Piuttosto fammi capire... Tu con chi vivi, adesso c'è qualcuno lì con te?"

"No, non c'è nessuno. Questa è la casa di mia nonna, ci sono vissuto per lunghi periodi quando ero bambino: a casa mia non mi piaceva stare, ero costretto a vivere con una tata. Mia madre mi lasciava con lei tutti i pomeriggi. Si chiamava Elga, veniva dalla val Pusteria. Aveva un fisico monumentale, metteva paura perfino la sua voce, una voce roca per le sigarette che fumava. Era una donna rozza, brutale: mi ricordo ancora della sensazione della pelle screpolata e ruvida delle sue mani quando mi prendeva a sberle. Fosse dipeso da me, sarei venuto a casa dei nonni già da bambino, ma sono stato costretto a rimanere con i miei fino a quando mia nonna è morta... tre anni fa. Allora l'estate scorsa ho chiesto di poter venire a vivere qui almeno per un po'. Così mi sono trasferito: mia madre e mio padre vengono a trovarmi ogni tanto, oppure il week-end vado io da loro. Mi piace moltissimo vivere in questa casa: tutto è rimasto identico a quando c'era lei, non ho voluto che nessuno cambiasse nulla, ho lasciato perfino le lenzuola che usava lei. Per me è come fosse ancora viva, a volte sento che mi guarda e che mi parla. Spero di poter star qui almeno fino a Natale, ma non lo so... ho sentito che i miei vogliono vendere questa casa: se lo fanno sono proprio stronzi."

"Volevi bene a tua nonna?"

"È la persona cui ho voluto più bene in tutta la mia vita. Era dolcissima: da bambino mi faceva giocare, andavamo sempre in giro con i suoi cani, due segugi e un bracco. Guidava una vecchia Renault bianca, dietro caricavamo i cani e andavamo nella sua casa di campagna. Mia nonna odiava vivere in città, appena poteva scappava con me in campagna; ci stavamo più che si poteva, fino a quando dovevamo tornare qui perché doveva badare a mio nonno che era già molto vecchio."

"Cosa faceva tuo nonno?"

"Il violinista. Era abbastanza noto, credo che abbia suonato per molti anni nell'orchestra del Comunale; ma io me lo ricordo solo quando era già andato in pensione e faceva lezioni private. Era un tipo preciso, silenzioso, un po' cupo, ma generoso, gentile nei modi. Di lui ho sempre avuto l'impressione che fosse molto più vecchio della sua età: probabilmente era solo distante o forse erano le sue profonde occhiaie violacee a darmi l'impressione che fosse inesorabilmente malato. Anche dal vestire emergeva la sua modestia: usava solo i grigi. Mia nonna invece era l'opposto: era esplosiva, aveva mille idee, cucinava, dipingeva le stoffe, teneva animali... sì perché non aveva solo i cani, ma anche un paio di gatti e un sacco di canarini. Aveva trasformato lo spazio di una finestra in una grande voliera, dentro c'era un grande ramo secco dove si posavano gli uccellini. E poi mia nonna leggeva moltissimo: era molto colta anche se aveva potuto fare solo la terza media; quando ero piccolo la sera mi leggeva un sacco di fiabe di tutto il mondo. Amava i classici, soprattutto la letteratura americana. Mi ha insegnato l'amore per la lettura, che poi per me significa amore per la fantasia. È stata la mia fortuna, sai... mi ha lasciato l'eredità più grande che si possa donare a un bambino: la libertà di volare con il pensiero, di immaginarsi i posti più impensati, le persone più staordinarie, le avventure più incredibili. Tutte le volte che stavo male, mi rannicchiavo da qualche parte e giocavo a un gioco che mi ha insegnato lei, 'il mio piccolo grande impero'. Diceva 'anche quando ti sentirai triste, ricordati che non sei mai solo, hai il tuo piccolo grande impero: è una cosa tua, solo tua, una cosa che nessuno potrà mai portarti via, dove nessuno può entrare se non vuoi tu, è come un'immensa soffitta dove puoi tenere tutte le cose che ti sono più care, i tuoi ricordi più belli...'. Così mi sono costruito, piano piano, un mio piccolo grande impero: ci vado appena posso, nessuno c'è mai entrato... assomiglia alla soffitta della casa di campagna dei miei nonni."

"Mi piacerebbe poterci entrare almeno per un attimo..."

"No, lì non può entrare nessuno, nemmeno tu."

"E perché? Hai paura che si rovini tutto, che si rompa un incantesimo?"

"Ma no, non è un incantesimo, non è un gioco delle fiabe: è solo il mio piccolo mondo, quello che mi ha salvato..."

"Da cosa ti ha salvato?"

"Da tutti. Dai grandi, da chi non mi ha voluto, da chi non mi ha amato... cioè tutti, tranne mia nonna."

"E cosa c'è, nel tuo piccolo grande impero?"

"Te l'ho detto, è come la soffitta della casa di campagna dei nonni. Mi ricordo che ci viveva un grande gatto e, quando con mia nonna salivo le scale buie che portavano lassù, si vedevano i suoi occhi: sembravano enormi e rilucevano come candele. Un po' mi facevano paura, un po' mi eccitava l'idea di salire in quell'immenso mistero aggrappato alla mano secca e tiepida di mia nonna. Pensavo che in quel buio la vita fosse più bella... forse è anche per questo che mi piace tanto la notte."

"Chissà cosa nascondi, in quella soffitta..."

"Niente di speciale: nascondo me."

"E cosa c'è di te che non diresti mai a nessuno?"

"Ma perché sei ancora così curiosa, mi sembri una che si diverte a guardare dal buco della serratura."

"Vorrei solo sapere un po' più di te..."

"Insistendo così non otterrai mai nulla, anzi mi fai ritirare, scappare via."

"No, non scappare, dai, ti prego... fuggire è la cosa più facile e più stupida che puoi fare, basta dire basta e tutto finisce... e poi? Se vuoi potrei essere anch'io una piccola parte di quel tuo piccolo grande impero, potrei essere uno dei tuoi segreti; oppure, come gli occhi del gatto che stava nella soffitta, potrei cercare silenziosamente tra i tuoi misteri. Posso essere quello che vuoi. Nessuno sa di noi due, fidati."

"Già... però poi potrei dirti delle cose di me che non ho mai detto a nessuno e poi magari tu te ne vai e ti porti via un pezzo di me... Perché mai dovrei farlo?"

"Ma perché sei così geloso delle tue cose, cos'hai che vuoi nascondere? La vita è anche dare agli altri, come ha fatto tua nonna con te... non si può solo pretendere di avere e non dare mai nulla in cambio."

"Io non voglio ricevere nulla da nessuno e nemmeno dare a nessuno. Con mia nonna era un'altra storia, ma adesso è finita. Anche quel gatto non c'è più. La soffitta è tornata buia e io non ho più voglia di salirci."

"Possibile che non ti sia rimasto niente che ti faccia aver voglia di vivere?"

"Già, l'hai capito. Non ho voglia di vivere."

"Ma come si fa a non aver voglia di vivere a vent'anni?"

"Che domande mi fai... che ne so... non me lo sono mai domandato, non credo che ci sia un'età giusta per trovare o per perdere la voglia di vivere."

"E allora tu perché vivi?"

"Chi ti dice che sto vivendo..."

"Pensi spesso alla morte?"

"Tutti i giorni."

"Vuoi dire che tutti i giorni pensi alla tua morte?"
"Sì."
"Hai mai provato a suicidarti?"
"Mi è sempre mancato il coraggio."
"Però continui a pensarci..."
"Tutti i giorni, tutte le notti. Sempre, è diventata un'ossessione, un tarlo che mi è entrato nel cervello monotono e preciso. Ma poi anche a questo mi sono abituato: la morte non mi fa più paura come all'inizio, anzi è un pensiero che mi fa compagnia, fa parte di me. Quel pensiero di morte è l'unica vita che mi è rimasta appiccicata addosso."
"E cosa pensi quando pensi al suicidio?"
"No, non ne voglio parlare, sono fatti miei... a te che te ne frega?"
"Ma che vuol dire 'che te ne frega': certo che mi importa, se sono qui. Non l'hai ancora capito?"
"Tu sei qui come tutti gli altri: oggi ci sei, poi domani avrai da fare i cazzi tuoi... lo so, è giusto che sia così, non ti sto criticando. Tu sei una persona gentile e carina, ma per me è un'altra cosa. Tu non mi basti, non mi potrai mai bastare. Te l'ho detto: la mia vita è da un'altra parte, non qui, non più. Io posso vivere solo in questa casa perché qui c'è mia nonna, perché ci sono le sue cose, i suoi odori. Ma un giorno anche questo non basterà più e nulla avrà più senso."
"E allora perché continui a parlare con me se non te ne frega niente né di me né di nessuno, perché non chiudi tutto e non te ne vai via..."
"Andare via, chiudere tutto? Ma se ti ho già detto che non faccio altro che pensare a tutto questo."
"Ma ci sono tanti modi per andare via: per esempio si può andare lontano, ricominciare a vivere daccapo. Ci hai mai pensato?"
"Non conosco altri modi per andarmene via. Non c'è tempo per cercare altro, è tardi."
"Sembra che tu abbia ottant'anni... come fai a pensare di aver già vissuto quando non hai nemmeno provato a vivere... E poi ti contraddici."
"Perché?"
"Perché continui a parlare con me... significa che ci tieni ancora a fare qualcosa nella vita."
"Ma io sto solo giocando con te."

"Tu stai giocando con me? Cioè, vuoi dire che mi stai prendendo per il culo, che mi stai raccontando un mare di cazzate?"

"No, ce lo siamo detti all'inizio: è tutto vero quello che ci diciamo, anzi è troppo vero. Io sto giocando per vedere quando tutto questo finirà. È come se giocassimo a dama: io ho le pedine nere e tu quelle bianche. Se vinco, sai cosa succede..."

"No che non lo so... cosa succede?"

"Lo sai... hai capito benissimo, non me lo far dire."

"Ah, vuoi dire che ti ammazzi? E io allora a che ti servo, solo a trovare il coraggio per farlo davvero? Vuoi qualcuno che ti assista impotente o complice, vuoi che io mi senta la persona prescelta per fare la spettatrice della tua morte? È questo il gioco che vuoi fare con me? E io dovrei accettare le tue regole, stare qui come una cretina, ad aspettare che tu decida il momento buono per farla finita, per poi magari rimanere con i sensi di colpa di non avere fatto abbastanza... È questo che vuoi?"

"No... non è così... dai, non ti arrabbiare... non è proprio così..."

"Eh sì invece che è così, adesso ho capito: io sono l'unica cretina che ti sta a sentire, quella a cui tu racconti quello che ti pare, tanto tu le tue scelte le hai già fatte da solo... E poi chissà se è vero quello che mi hai raccontato o se invece non è tutta una balla per impressionarmi. Magari mi hai raccontato tutte queste cose per legarmi a te, mi fai affezionare, mi costringi a pensare a te, solo a te. Entri nella mia vita spalancando la porta coi colpi del tuo dolore, sbattendomi in faccia la tua disperazione. Bello stronzo che sei... mi sento usata."

"Pensa come vuoi, sono affari tuoi. Se vuoi me ne vado."

"E vai, fai come ti pare, non mi piacciono le persone che non rispettano gli altri. E non basta tirare in ballo il proprio dolore, non c'è giustificazione all'egoismo."

"Allora me ne vado, ciao."

"E adesso dove vai, cazzo. Lo vedi quanto sei stronzo? Tu sai benissimo di avere il coltello dalla parte del manico: tu puoi fare clik e tutto finisce, solo che io rimango con l'angoscia e tu no. Questa è la differenza."

"E che cosa dovrei fare per non angosciarti?"

"Non andartene così. Dimostrami che non sei uno stronzo."

"Come posso dimostrartelo?"

"Dimostrami che ci tieni a me almeno un po'..."

"Va bene, cercherò di farlo, se mi riesce. Adesso l'unica cosa che mi viene in mente è darti il numero di telefono di qui... ti va di chiamarmi?"

"Sì, certo."

"Allora scrivi... però fammi un favore: non telefonare subito, aspetta una settimana. Domani devo tornare dai miei. E poi chiamami la sera, anche tardi... sai che non dormo. Mi piace sentirti di notte."

"Ok, lo farò, ma giurami che tra una settimana ci sarai, promettimi che non te ne andrai."

"Promesso, stai sicura. Ciao, Chiara."

"Ciao, Iacopo, dormi bene."

"Pronto? Iacopo, sei tu?"

"Quale Iacopo? Lei chi è?"

"Sono Chiara, una sua amica. Posso parlare con Iacopo?"

"Chiara chi?"

"Gliel'ho detto, una sua amica."

"Qui non abita nessuno che si chiama Iacopo."

"Lo so, è un po' difficile da spiegare, comunque glielo assicuro, sono una sua amica. E poi... se è per questo... nemmeno io mi chiamo veramente Chiara... è un nostro modo per parlarci... Allora, posso parlare con lui? "

"Ma insomma cosa vuoi? Cerchi mio figlio? "

"Sì, credo di sì. È un ragazzo che abita lì, così mi ha detto, abita lì da solo, nella casa dei nonni..."

"Comunque... Piero... non c'è..."

"Mi scusi, mi dica dov'è: è andato a casa dei suoi? dove lo posso trovare?"

"Lascia perdere, ti ho detto che Piero non c'è... Adesso devo riattaccare. Buonasera."

"No... aspetti un attimo, un attimo solo. Mi dica almeno dove lo posso trovare domani... devo parlarci è urgente."

"Basta, non insistere... non è proprio il caso."

"Ma io devo saperlo, ho il diritto di saperlo, lei non può trattarmi così, non può riattaccare. Lei non sa nulla di me, non sa nulla di noi... io sono importante per lui, sa? La prego, la supplico, mi dica dov'è..."

"Non insistere. Piero non c'è, Piero..."

3.

Cara mamma,

è tanto tempo che non ci sentiamo, non so nemmeno perché ti scrivo. Non ti ho mai chiesto aiuto, nemmeno adesso me ne aspetto. Del resto non ti ho mai messo in condizione di potermelo offrire. Non scrivo questa lettera per angosciarti: tu non c'entri nulla. E poi tu non c'entri con me da tanto tempo, troppo. Di quella rabbia mi è rimasto solo un sapore in fondo alla bocca, amaro, indelebile.

Aspetto un figlio, ma non riesco a provare nessuna gioia in me. Sento una vita che mi cresce dentro, giorno per giorno, ma questo mi riempie solo di angoscia. Non voglio questa responsabilità, non posso sostenerla da sola. Leggo continuamente di bambini cui non si permette di nascere o di quelli che vengono abbandonati. Ti dico con sincerità che forse finirò anch'io per abortire.

Piove da tre giorni; da non so quanto tempo non mi metto le lenti a contatto. Mi sembra di non poter più uscire dalla stanza. Il freddo e l'umido hanno raggrumato questo tempo sospeso, ne spremono un succo malinconico: inevitabilmente mi costringono a pensare. Sono rannicchiata sul letto, ho infilato tre maglioni uno sopra l'altro, inutilmente. La pioggia ha interrotto i lavori stradali che mi perseguitavano assordanti, estenuanti come una fanfara stonata. O il rumore o la pioggia, comunque la noia. Comunque il vuoto. Un vuoto perfino comprensivo, mai acido. Un vuoto compiacente che mi si è infilato dentro silenzioso come un veleno. Lo conosco da tanto tempo, non riesce più a sorprendermi.

Ora che sono padrona della mia vita, non so che farmene, non so nemmeno cosa fare di me stessa. La vita l'ho sempre pretesa, l'ho strappata dalle mani che mi hanno cullato, curato, rincorso. Ho creduto che non l'avrei mai potuta perdere, tanto io ero quella bella, quella intelligente, quella forte: questo almeno dicevi tu. Invece Pilar no: lei era quella fragile, cui si perdonava qualsiasi cosa, che aveva sempre bisogno di attenzioni, che andava protetta se no chissà cosa avrebbe potuto fare.

E invece sono stata io a fuggire, lontano, veloce, attratta da ciò che avevo appena visto o solamente sfiorato, abbagliata dall'altro. Ho corso contenta, senza sentirmi mai stupida per la mia contentezza, fino a essere esausta da quella cavalcata inutile che mi ha portato solo lungo il bordo di un grande cerchio, fino al punto di partenza. Ora sono qui, disarcionata, e mi guardo: quanto mi sono indurita, quanto mi sento arrugginita dentro.

Ma tu con tutto questo non c'entri nulla, mamma, non più. Perché dovrei fare un processo ora, stabilire chi ha torto e chi ha ragione: cosa importa, cosa cambierebbe? Non ti scrivo per questo. Colpe, vogliamo parlare di colpe? No, per parlare di quelle ci vuole fede e io non ne ho abbastanza, non me la sento. Nemmeno responsabilità mi voglio sentire addosso, le detesto: dopo tutto non credo sia giusto dovermele assumere, forse non me le merito e non ne sono neppure degna.

Quando facevo qualcosa di strano o che non ti andava a genio, sembrava sempre che non te lo saresti mai aspettato. Ti sei sempre sorpresa di me, ma la tua non poteva essere ingenuità: è che solo così riuscivi ad assolverti. Ti ha rovinato il tuo inesauribile bisogno di rassicurazione.

Nemmeno questa lettera te la saresti mai aspettata, mamma, nemmeno queste parole. Invece ora, per una volta, devi leggerle una a una, non le puoi evitare, sei obbligata a sentire l'eco crudele che fanno perché tante volte questa stessa eco mi è tuonata dentro. Se avessi scelto di telefonarti non sarei riuscita a trovare la forza per dire le cose che voglio, tutte, fino in fondo; avrei esitato, le parole si sarebbero dileguate. Con la penna sì, sento di riuscire, anche se confusamente, a parlarti.

Avresti voluto un'altra figlia, non me. Ne avresti voluta una che ti assomigliasse, che fosse complice delle tue futilità: una con cui parlare di matrimoni falliti, dell'ultimo tailleur, di adulteri, di un bimbo appena nato. Ma nemmeno Pilar ti ha dato retta.

Avresti voluto vedermi frequentare la gente che tu hai sempre frequentato per poi dire che ti annoiavi da morire: erano tutti uguali e inutili, non sopportavi più nessuno, sarebbe stata l'ultima sera che uscivi. Ripetevi sempre le stesse parole fino all'ennesimo invito irrinunciabile, fino a un nuovo party noioso cui dovevi andare per far contento papà che ci tiene tanto, dicevi.

Che cosa mi hai insegnato, mamma? A prendere e a pretendere. A temere chiunque potesse portarti via quello che il tuo privilegio ti ha consentito e che il tuo orgoglio ti ha impedito di riconoscere. Sei sempre riuscita ad amare solo le cose lontane: la nonna quando non c'era più, l'adolescenza passata, i tuoi amori finiti. La tua unica amica abitava in una città irraggiungibile. Dell'amore hai amato l'assenza. E poi non credo che tu abbia mai cercato l'amore tuo, ma solo l'amore dell'altro: quello solo ti scaldava. Ecco cos'altro mi hai insegnato: a innalzare distanze e difese, a sublimare la latitanza, a prediligere un'alterità vuota a un'identità malconcia. Mi hai allevato a credere che il desiderio cerca solo il desiderio, non il suo appagamento. Ogni giorno mi hai dimostrato che le persone, gli oggetti che ci circondano non devono sollecitare emozioni, semmai favorire ricordi: ma ti sei scordata di insegnarmi che il ricordo di un dolore è ancora doloroso, mentre quello di una gioia non è più gioia.

E controllare, anche questo volevi che imparassi.

Hai sciolto i tuoi sensi di colpa invadendo e devastando la nostra quotidianità con le tue crisi di ansia, con i tuoi riti ossessivi: quando tornavi da scuola era come se quei sensi di colpa diventati troppo ingombranti ti costringessero a recuperare il tempo della tua assenza. Così assalivi il mio spazio per controllare ogni mio minimo comportamento quasi potesse celare chissà quale segnale di pericolo o presagio di un mio orrendo destino.

Eppure anche quell'ossessione mi è stata cara, l'attendevo: riuscivi perfino a farmi mancare la tua presenza soffocante. Per anni non mi sono potuta permettere l'idea di perderti. Quel controllo asfissiante di me aveva il sapore perverso dell'attaccamento: pretendevi di sapere con chi stavo al telefono, con chi uscivo, frugavi nelle mie borse. Forse non te l'ho mai fatto capire, ma mi accorgevo subito dei tuoi tentativi di leggere di nascosto i miei diari o le lettere delle mie amiche. Prova a ricordare: ogni volta che tornavo a casa la notte, tu mi aspettavi solo per chiedermi dove ero stata, come ero stata non me l'hai mai chiesto. Adesso finalmente ho capito che la tua ansia non aveva il senso dell'affetto: la mia inquietudine ti inquietava solo perché non la sapevi controllare.

E siccome non potevi controllarla, hai preteso di non accorgerti neanche di quando stavo male, ti sei lavata la coscienza occultando ogni mio sintomo con farmaci e regali, strumenti della tua pavidità.

Hai preteso di non ascoltare nemmeno quando ti dicevo che volevo scappare da casa perché cominciavo a imparare l'odio per la tua indifferenza, la tua capacità offensiva di incassare tutto senza dolore apparente. Per te, il dolore degli altri era sempre esagerato, finto: l'unico che contava davvero era quello che provavi tu. Ma quale dolore? Non me ne hai mai parlato, non l'ho mai letto nei tuoi occhi: erano sempre asciutti, truccati, freddi. Ma adesso quasi mi scordavo la tua poliomielite. Se solo tu sapessi quanta paura mi ha fatto quel polpaccio smagrito che ti faceva ondeggiare lievemente: per anni ho vissuto con il terrore che potesse capitare anche a me, giusta punizione per una bambina ribelle. Ma tu non ne volevi parlare, non rispondevi nemmeno alle domande che ti facevo. Per saperne qualcosa ho dovuto cercare poliomielite nell'enciclopedia: un nome dolce per descrivere un incubo. Era come se quella menomazione avesse colpito me: me ne vergognavo con i miei compagni, per questo non li facevo mai venire in casa.

Quella poliomielite l'hai usata contro tutti, era l'alibi per farti perdonare qualsiasi cosa, la scusa perché ti fosse concesso tutto: tu non potevi avere colpe, eri malata. E un malato, un handicappato, non può assumersi responsabilità, non è così? Anzi, quella tua gamba assottigliata serviva a costruire immensi sensi di colpa che tu catapultavi su chi ti stava più vicino: così sei riuscita a fare del ricatto affettivo l'elemento più forte del legame che per anni ci ha rese indispensabili l'una all'altra. Ma hai mai pensato che tutto questo mi avrebbe fatto crescere fragile, dipendente dall'affetto che mi teneva abbarbicata alla tua presenza vuota? No, non credo proprio che tu abbia avuto il tempo di preoccupartene: dovevi badare a Pilar, alle sue lune, a tutte le sue sfighe.

Perché hai sposato papà? Perché l'hai fatto? Mi hai sempre ripetuto che ne eri innamorata, ma non è vero e tu lo sai bene. Non te l'ho mai detto, ma l'ho sempre saputo: mai una coccola, mai una carezza gratuita. Ti eri innamorata dei suoi soldi, ecco la verità; ti facevano comodo le opportunità che senza di lui non ti saresti mai nemmeno potuta sognare. A quell'uomo devi molto, ma tu che cosa gli hai dato? È vero, anch'io ti ho sempre detto che l'odiavo, mille volte mi hai sentito imprecare contro di lui. Ma lo facevo perché sapevo che era quello che volevi da me: anche in questo ho cercato di compiacerti. Volevo solo comprare un attimo della tua attenzione per me, ne avevo bisogno come dell'aria per respirare. Eppure non avrei dovuto aver paura di essere abbandonata da te: tu mi avresti accettata comunque purché fossi rimasta piccola, come una bambola, un oggetto grazioso da mostrare alle amiche, uno specchio in cui ti guardarvi ogni giorno per compiacerti, l'eco del tuo egoismo dilatato.

Ti inorgogliva che ti assomigliassi, a tal punto che non ti accorgevi nemmeno di me, mi guardavi attraverso come un cristallo. Potevo urlare, piangere, straziarmi. Tu reagivi con le solite domande stereotipate: c'è qualcosa che non va? vuoi che ne parliamo domani? ti vedo strana, hai voglia di dirmelo?

Uno straccio passato in fretta sul cristallo appannato dal tuo stesso alito, una disponibilità ambigua che celava la paura che io potessi davvero usare l'esiguo spazio appena concesso: mi gettavi la tua ciambella di salvataggio sperando che io non la utilizzassi.

Perfino i miei accessi di fame ti sono scivolati addosso. Il cibo è stato l'unico rito che ci ha tenuti tutti assieme: i pranzi della domenica dai nonni, le grandi cene della vigilia di Natale, le torte preparate per le feste di compleanno. Adoravo quell'inifinito affaccendarsi, quegli odori mischiati, quel sapore affettivo di cui sapeva la cucina di nonna. Ma poi il cibo l'ho usato contro di me.

Per mesi mi sono chiusa in bagno dopo aver mangiato tutto quello che trovavo nel frigorifero, ma tu non volevi ascoltare quei conati che inutilmente tentavo di mascherare con il rumore dello sciacquone. Eri riuscita a controllare tutto, ma quello no, non eri stata capace di prevenirlo: in quel cesso rimbombava il rumore della tua sconfitta. E tu non volevi sentire, non volevi capire. Dopo tutto non mi ero mai dimagrita tanto da inquietarti; mi abbuffavo sì, soprattutto di dolci morbidi, quelli che non ti raschiano la gola quando li vomiti. L'unica cosa che sapevi ripetermi era che sarei diventata una cicciona che nessun ragazzo avrebbe mai guardato. Un giorno stavi parlando con un'amica al telefono, non immaginavi che io stessi ascoltando attraverso la porta. Avete iniziato a parlare di me e delle torte che mi divoravo: le hai chiamate stupide crisi adolescenziali, continuavi a ripetere che eri sicura che prima o poi mi sarebbero passate... che tanto era solo un momento così... che avrei smesso non appena avessi trovato un ragazzo... che in fin dei conti era solo mancanza d'affetto. Quelle parole non sono più riuscita a scordarle. Per la prima volta mi sono vergognata per te: anche le banalità possono fare male, sai? E poi, come hai fatto a non immaginare l'angoscia che mi costringeva a tuffarmi su quelle torte lucide di glassa di cioccolato e turgide di canditi; come hai fatto a non vedere il terrore disegnato sulla mia faccia imbrattata di panna?

Ma dopo tutto hai avuto ragione tu. È vero, è passato tutto: anche quel vomito ormai mi è lontano dallo stomaco e dalla testa, non ho più nemmeno i segni dei denti sulle nocche delle dita che spingevo fino in fondo alla gola. Adesso non ho più voglia di punirmi, almeno credo. Solo che dentro le tazze di quei cessi ho lasciato una parte di me che mi piaceva: la voglia di vivere si è diluita giorno dopo giorno in quel liquido acido. Su quella ceramica bianca, con i succhi gastrici ho finito per sputare anche il residuo della mia felicità. Da allora ho imparato a temere ogni momento di gioia come un'emozione malfida.

Ma ancora una volta, nonostante tutto, sono cresciuta. E tu non te ne sei nemmeno accorta, mamma. Non potevi: sapevi bene che se fossi maturata, anche solo un poco, non mi avresti più trovata in quella camera da letto che adoravi invadere con i tuoi cuscini e le carte da parati a fiorellini di Laura Ashley.

E così è stato. Non ho cercato di evadere dal tuo egoismo. Ho solo provato a cercare: cercare di esistere, per esempio. Tu hai sempre pensato che io lo facessi per punirti, per vendicarmi di te. Non hai capito che io quel mondo diverso l'ho cercato davvero, perché mi sembrava più pulito, meno ipocrita di quello in cui ero cresciuta. Non mi interessava dimostrarti qualcosa di me, ero certa che non avresti voluto capire: avrebbe comunque vinto il tuo pregiudizio. Come ti saresti potuta perdonare di avere cresciuto una figlia estranea... una nemica, quindi... e poi che cosa avresti potuto dire alle tue amiche, come lo avresti potuto spiegare? Invece è stato come avessi avuto una disgrazia, come mi fossi ammalata di cancro. La mia vita, le mie paure, la mia fragilità le avevi ridotte a presagi di un destino avverso: la tua malattia finalmente aveva trovato un giusto travaso, un altro corpo pronto ad accogliere la pena e la sua sublimazione. Dopo tutto che colpa avevi tu, della mia diversità?

Quella diversità è stata la mia prima e unica scelta. Non mi sono infatuata di Luca, non mi ha lavato il cervello, non mi ha plagiata. Io l'ho voluto davvero Luca, ho creduto in lui: ma tu non sai nemmeno cosa voglia dire credere in una persona senza interesse, senza opportunismi. Luca mi piaceva e basta, non cercavo confronti, non volevo appartenere né a lui né a nessun altro, solo stavo cercando. E a volte mi è sembrato di trovare qualcosa, con fatica, con tanta fatica perché non avevo strumenti per quella ricerca, solo l'intuito, il fiuto. Mi fidavo del mio naso come un cane da tartufo, contavo sulle mie percezioni di pelle, mi guidavano i sensi. No, non mi hai insegnato nemmeno questa confidenza col corpo: forse l'ho imparata da papà.

Eppure non mi illudevo: con Luca non credevo certo di avere trovato la felicità, solo il sapore di una serenità momentanea.

Non mi sono mai sentita giudicata da Luca, sai, non ho mai avuto la sensazione che lui guardasse a come ero vestita, se il colore del rossetto non era in tinta o se le calze erano smagliate. Mi sembrava che mi volesse così come a me andava di essere, che mi accettasse, non che mi tollerasse. Ero così felice di fartelo conoscere da superare la paura del tuo giudizio. Tu invece l'hai odiato dal primo momento che l'hai visto. Che cos'era: gelosia, possesso o cos'altro? Non era ansia per me: ti terrorizzava l'idea che lui mi potesse allontanare dal tuo controllo, sottrarre a te. Già, e poi con chi le avresti sfogate le tue ossessioni? Chi avrebbe offerto una sponda alla tue angosce?

Tu mi avresti voluta vedere assieme al figlio di una delle tue amiche, a qualche belloccio senza cervello con il rolex rosso e blu al polso. Forse per Pilar è andata bene anche così: io non ce l'avrei mai fatta.

Il bene io l'avevo trovato con Luca, ma lui se n'è andato.

L'ha fatto così, una mattina di domenica. Ho trovato un biglietto appoggiato sul marmo del tavolo di cucina, sembrava un'epigrafe. Fuori il sole era già alto, dentro mi si è infilato un freddo tremendo. Forse quelle frasi me le aspettavo da tempo, gli uomini non riescono quasi mai a non essere prevedibili: "non me la sento più di continuare... tu mi chiedi troppo... mi sono accorto che questa cosa è diventata troppo importante per te... non voglio sentirmi questa responsabilità... ti voglio troppo bene, non posso farti del male... debbo fermarmi prima che sia troppo tardi...". Così recitava l'epigrafe.

Le responsabilità. Come le ho odiate, le responsabilità.

Non hai idea di quanto avrei voluto che quella mattina tu ci fossi stata, da qualche parte, anche lontano, anche in silenzio, mamma.

Ho provato a farcela da sola. Per un po' mi sembrava di esserci riuscita, ed ero anche contenta di me. Poi mi sono sentita scivolare. Non sono caduta; ma, disarcionata, è stato come se un mio piede fosse rimasto imprigionato in una staffa e il mio corpo costretto a trascinarsi ferito e impotente. Ogni giorno di più la mia resistenza si sgretolava: vivevo nell'incubo che quello scricchiolio travolgesse, da un momento all'altro, quel che restava di me.

Allora ho cercato aiuto. Un'amica mi ha dato il nome di una psicoterapeuta. Ne parlavano tutti bene. Mi ha fatto aspettare molto per accordarmi il primo appuntamento. Per le scale, salendo al suo studio, mi sentivo montare dentro una strana trepidazione, come dovessi affrontare un giudizio. Nemmeno il suo aspetto mi ha rasserenato: era una signora di mezz'età, capelli raccolti, orecchini antichi, sguardo indecifrabile dietro una montatura civettuola anni quaranta. La vecchia Frau di pelle nera abrasa sulla quale era seduta sembrava sottolineare il suo fare severo, condizionarle i movimenti. Era silenziosa, forse ordinata. Non si può dire che il suo studio fosse spoglio e nemmeno freddo, eppure facevo fatica a starci: mi conteneva troppo. Le pareti erano bianche, nessun quadro, solo diplomi incorniciati. Aveva un'aria affidabile, anche se non sorrideva mai. Parlava di rado, solitamente verso la fine della seduta, di modo che ogni volta sembrasse un'interruzione, la simulazione di un distacco. Le sue pause erano difficili, sottolineate, ingombranti. Non capivo bene che metodo usasse, non ho mai avuto il coraggio di farmelo spiegare: in ogni caso le sue matite, tutte perfettamente appuntite e allineate in ordine di lunghezza sulla scrivania, mi inquietavano più di qualsiasi parola, inquinavano la mia disponibilità.

Eppure, all'inizio della terapia, il tono pacato e sereno con cui si spiegava, il modo accurato di esprimersi mi avevano affascinato. Alla fine delle prime sedute mi piaceva annotare qualche frase che mi aveva colpito. Sosteneva con convinzione la necessità di far parlare il dolore per eliminarlo, diceva che il passato era la chiave del nostro presente, che il ricordo libera, che la storia redime, che il narrare, il ricordarsi guarisce.

Ma guarire da che cosa, guarire da chi?

Per qualche mese mi sono sforzata di pensare che quella relazione, quel contatto mi sarebbero stati utili, che dovevo crederci perché quella signora rappresentava la mia speranza di ritrovarmi. Eppure non riuscivo ad accettare che le mie residue probabilità di raggiungere una serenità decente dovessero passare per forza attraverso il rito doloroso del ricordare. Perché non mi potevo concedere il diritto di rimuovere il mio breve passato, la mia infanzia tradita? Perché non potevo liberarmi dall'obbligo di ripensare a te? Perché il mio benessere doveva venir regolato dai fantasmi del mio tempo trascorso?

Avrei voluto parlare di Luca, non di te.

Un giorno la psicoterapeuta mi disse che ciò che mi teneva imprigionata e mi impediva di essere me stessa era l'incapacità a superare la mia amnesia: il mio male era dunque la mia dimenticanza. Ma io invece amavo quell'oblio: semmai, volevo essere aiutata a rivolgere il mio immaginario dal mio passato inutilmente affollato al mio presente, per chiarirlo e prefigurare il mio futuro.

Sciolsi quel legame. Lo feci senza troppa fatica, quei pochi mesi di terapia non avevano costruito sensi di colpa così invalicabili: banalmente, mi ero stufata di parlare tre volte alla settimana di rimosso, di inconscio, della mia matrice edipica, di transfert, delle mie resistenze. Avrei voluto essere costretta a pensare ad altro. Così per una volta ho conosciuto la sensazione di abbandonare qualcosa e qualcuno.

Ma questa scelta mi aveva fatto rimanere sola ancora una volta, anzi stavolta certamente più sola.

Mi accorgevo che volevo ancora Luca. Passavo le ore a ripensare allo strappo mai ricucito. Sapevo che mi avrebbe fatto ancora male, ma non riuscivo a togliermi quell'idea dalla testa. Rincorrevo tutte le cose orribili che mi diceva quando litigavamo, forse speravo che mi avrebbero fatto desistere dal cercarlo. Eppure il riemergere dei suoi giudizi sprezzanti – "sei fredda, distaccata... i tuoi sentimenti sono controllati, repressi, morti" – non facevano altro che consolare quel vuoto fratturato. D'altra parte, se pensava così di me, perché mi cercava, perché la notte mi perseguitava di telefonate? Cosa voleva da me? Cercava forse una ragazzina che lo coccolasse, qualcuna che non lo interrogasse ma assecondasse ed esaudisse i suoi desideri senza chiedere nulla in cambio? Si era mai chiesto di che cosa avevo bisogno io? Pretendevo troppo se ogni tanto chiedevo di lui e della sua vita, se desideravo sentirlo presente, leggere le cose che scriveva, conoscere gli amici che frequentava? Avrei voluto poter urlare le cose di cui avevo bisogno io, ma temevo che anche quello sfogo sarebbe rimasto inascoltato. Probabilmente sarà stato troppo banale, ma io desideravo solo qualcuno capace di starmi vicino, di criticarmi, di aiutarmi a crescere.

Eppure il fascino di lui continuava a distruggermi anche dopo che se ne era andato via e aveva smesso di telefonare. Luca, forse senza nemmeno volerlo, mi aveva insegnato ad amare la tensione, me l'aveva scovata dentro ed era riuscito a farla vibrare per lui. Solo che poi, se ti abitui alle emozioni, le vuoi sempre, le pretendi ogni giorno.

Ma Luca mi aveva lasciato: di lui mi era rimasto il sapore noto della perdita, un vuoto riempito di delusione dove le mie paure di sempre si erano mostruosamente amplificate. Quelle per cui da ragazzina odiavo il mio aspetto tanto da volerlo deformare per scoraggiare chi mi voleva solo per il mio corpo. Ho iniziato a odiarlo non appena mi sono accorta che non era più quello di una bambina: quelle forme femminili mi facevano orrore. L'idea che mangiare non mi avrebbe più fatto crescere ma solo gonfiare mi terrorizzava. Ti ricordi di quando cominciai ad andare male a scuola? Avevo cominciato a mangiare tutti i dolci che potevo: cercavo quel piacere, ma anche il dolore che i sensi di colpa puntualmente mi facevano salire. E dopo ogni sfogo, lo specchio: più mi vedevo ingrassata, più soffrivo, più mangiavo. Un corto circuito piacevolmente perverso.

Ma questa volta non è stato il cibo a incantarmi. Non c'era nessuna compulsione, nulla che mi potesse sedurre se non l'immagine stessa della mia lenta rovina, qualcosa che mi convincesse definitivamente che nulla era speranza, futuro auspicabile. Forse nemmeno Luca poteva considerarmi una che sa sognare, sperare, sentire: forse anche lui era uno come tanti.

Così mi sono lasciata andare. Mi sono convinta che i soldi che guadagnavo da quando lavoravo in libreria dovessero servire per costruirmi un rifugio comodo, un asilo. In queste due stanze c'è tutto quello che cerco: un computer, uno stereo, una televisione, un fax. Qui posso parlare con gli altri senza essere vista, qui mi rintano appena fa buio. Non ci è mai entrato nessuno, solo la mia amica Barbara una mattina d'estate, solo Luca quella notte di Natale.

Avevo preparato l'albero, mi ero comprata gli *spring rolls* dal cinese sotto casa. Le mie dita unte di fritto premevano i tasti del telecomando: avevo voglia di farmi del male. Il divano illuminato dei colori del circo di Montecarlo o della messa cantata, il vuoto buio della stanza attraversato dalle lucine rosse e verdi dell'albero; fuori il silenzio pareva potesse essere interrotto solo da rare, lievi gocce malinconiche. Ed è suonato il telefono, l'ho lasciato suonare guardandolo: pensavo a qualcuno di voi, a te che mi chiedevi come stavo, a Pilar che mi diceva se avevo voglia di andare a sciare. Erano mesi che non ci sentivamo, cristo. Come volete che stia, che cazzo me ne frega di sciare. Ma forse non eravate nemmeno voi, forse era qualcuno che si era sbagliato. Il giorno di Natale ci sono troppe telefonate. Continuavo a guardare il telefono: non suonava più e mi dispiaceva. Poi di nuovo. Questa volta ho alzato subito: era Luca. Ma che ci fa Luca la sera di Natale qui in città, perché non è dai suoi o a letto con una donna? Perché mi vuole vedere, perché insiste così? No, non deve entrare nessuno qui dentro, questo è il mio spazio, la mia cuccia. Solo Luca potrebbe. Non gli ho detto nulla, ho farfugliato solo il mio indirizzo. La mattina dopo era già via. Solo il piumone tiepido. Ecco come è andata quella notte: non è stata passione, non ci siamo nemmeno guardati in faccia, dopo. Non ci siamo parlati, solo presi per mano fino a quando il sonno ci ha sommersi. È stata breve, quella notte.

Pochi giorni dopo quella notte di Natale ho sognato.

Era tanto che non mi capitava di ricordare i sogni che facevo. Neppure quando andavo dall'analista li ricordavo: mi vergognavo di non essere capace nemmeno di quello, temevo pensasse che li rimuovevo, così una volta me ne sono inventata uno. Ma il sogno di quella notte era vero e al mattino lo sentivo stampato sulle tempie. Ho preso una matita e l'ho trascritto su un foglio a quadri. Ne ho fatto una fotocopia, te lo mando. Spero ti possa servire.

Adesso ti lascio, ti lascio così, tanto non saprei mai come finire questa lettera. Però ti prego: non cercarmi, è inutile, farò tutto da sola.

Ciao.

Ho sognato il dolore, anzi la disperazione.

Non ricordo i particolari, piuttosto la sensazione: fortissima, come un grido, come una lacerazione.

Deve essere notte, la campagna si intravede appena. Sto scendendo lungo un avvallamento coperto da un'erba umida e scivolosa. Il terreno è sconnesso e davanti mi si parano enormi blocchi di tufo. So che bisogna superarli, ma è difficile perché per farlo occorre lanciarsi nel vuoto. Intuisco che dopo il primo blocco ve ne sarà un altro e un altro ancora. Non so dove atterrerò: la parete muschiosa del tufo rende l'impresa disperata. Mi potrò sfracellare o ferire, eppure non esito: il precipizio, l'impresa temeraria mi attirano. Mi lancio e appena tocco terra, incurante delle ferite che mi fanno sanguinare le gambe, mi rialzo e corro a perdifiato verso il blocco successivo. Man mano che proseguo mi accorgo che il terreno dell'avvallamento non è più incolto, ma arato. Anzi ho la sensazione che i miei piedi nudi affondino sempre di più tra le zolle soffici. Corro, corro sempre più veloce. Non mi accorgo che non vi è una fine e non vi è un inizio: non c'è scopo, dopo ogni precipizio se ne para un altro, senza sosta, senza requie.

A un certo punto scorgo nell'oscurità la sagoma di una donna anziana. Non so se la conosco, forse sì; di certo so che non le rimane molto da vivere. Anche lei deve intraprendere questo percorso: non ha possibilità di scelta, non può rifiutarsi di affrontare il rischio così spaventoso. La seguo con lo sguardo. Inizia a salire il grande sasso, lentamente; muove incerta le mani e i piedi, le dita ossute cercano di penetrare nei piccoli pertugi del tufo per sollevare il corpo. Raggiunge la vetta e senza riposare la scavalca. Scompare inghiottita dal buio: non un rumore, non un lamento. La cerco invano, il cuore mi sale in gola, non riesco a urlare. Sono sicura che è morta, ma non trovo il corpo né tracce del suo sangue. A un tratto vedo, molto più avanti di me, una figura che si muove claudicante. Cerco di raggiungerla, ma non ci riesco: vorrei fermarla, impedirle di raggiungere l'altro blocco di tufo. Non si ferma, prosegue ondeggiando fino a toccare il sasso e poi inizia nuovamente la salita: è sempre più lenta, ma non si arresta. Sa che quei massi li deve superare da sola. È la sua unica strada, è questo il suo destino. Deve dunque morire, nulla la può trattenere. A me non resta che guardarla da lontano. Superato il secondo masso si getta, senza più energie. Questa volta si ode un tonfo, poi ancora un silenzio glaciale. Il suo corpo giace immobile sulla terra arata. Questa volta non posso avere dubbi: è morta e anch'io mi sento morire. Corro verso di lei, la brezza mi accarezza fresca le lacrime, vorrei fare qualcosa, soccorrerla, ma è tutto inutile. Questa volta riesco ad avvicinarmi a lei, le sollevo il capo inerte, gli occhi chiusi: respira ancora. La chiamo con il suo nome, anche se so di non saperlo.

A un tratto prende a parlare, sussurra frasi strane. Dice cose di tutti i giorni, come se nulla fosse successo. Sembra non accorgersi che sta morendo. Questa sua inconsapevolezza mi provoca una rabbia incontenibile. Piango una disperazione muta. Non riesco ad ascoltare le parole, non posso sentire il suo racconto dettagliato della spesa appena fatta al mercato, del pranzo che deve preparare, di un pizzo che non ha terminato.

Urlo, ma non si accorge di me.

No, non può essere come quando ero bambina: adesso tutto sta finendo, per sempre. Non mi guarda, solo sento la voce che esce dalle sue labbra socchiuse, ignara, dolce: vorrei tapparle la bocca. La sua indifferenza mi esaspera. Sono impotente, eppure sono costretta a guardare questa agonia rallentata, questa fine che indugia.

Smette di parlare. È morta. La guardo, disperata; non piango più, non urlo più. La prendo in braccio, pesa come un uccellino.

E mi incammino.

Non so dove sto andando.

Cerco qualcuno.

4.

"Scusi signora, ma com'è possibile che non si sia mai accorta di niente?"

"Di niente... e di che cosa avrei dovuto accorgermi... non saprei, mia figlia è sempre stata bene."

"Non ha mai riscontrato qualcosa? Eppure lei è laureata in medicina, mi dicono."

"Sì... sono una collega... ma, tranne quel nodulino che le ho sentito per la prima volta l'altro giorno quando facevamo il bagno, per il resto nulla, mai nulla... qualche volta mi diceva che aveva mal di testa, ma così... pensavo si fosse affaticata a scuola. Mi dica che cos'ha mia figlia, è qualcosa di grave... ho il diritto di sapere..."

"Sua figlia ha un tumore cerebrale. Non ne sappiamo ancora molto ma purtroppo è in fase avanzata. Abbiamo riscontrato delle metastasi, quel nodulo è una metastasi."

"Un tumore cerebrale? Ma siete sicuri... che tipo di tumore... non è benigno? Non è possibile... mia figlia non può avere niente, fino all'altro ieri stava bene, giocava, andava a scuola. Come può... e adesso cosa pensate di fare... la opererete? Si può operare?"

"No. Al momento attuale non è operabile, c'è solo qualche speranza di ridurre la massa con la terapia farmacologica. Sono farmaci molto pesanti, ma non abbiamo alternative. Bisognerà stare a vedere..."

"Vuol dire che non ci sono speranze? Me lo dica per favore: mia figlia morirà?"

"Non ci sono molte speranze. Tutto dipende da come la bambina reagirà ai farmaci. La situazione è molto difficile, le ho già detto. Di più non sappiamo. Mi spiace. Ma poi lei è una collega, sa bene che l'evoluzione di queste forme è estremamente diversificata: a volte è lenta, altre volte molto più rapida. Lei sa che la prognosi è infausta. Mi spiace signora, ma per ora è tutto quello che le posso dire. Forse nei prossimi giorni ne sapremo qualcosa di più. Adesso vada a casa e cerchi di riposare, domani sua figlia avrà bisogno delle sue forze. La lasci alle infermiere, ora si addormenterà. Mi ascolti, vada a casa."

"No, aspetti... mi dica almeno... Avrà dolore? Mi dica solo se mia figlia soffrirà..."

"Per adesso no, comunque cercheremo di ridurre al minimo le sofferenze. Ma adesso è prematuro: occorrerà parlarne con altri colleghi, lo faremo nei prossimi giorni. Mi ascolti: è tardi, vada a casa. Ci rivedremo domattina."

"Ma non posso dormire qui? Come faccio a lasciare mia figlia sola, non ha mai passato una notte senza di me, non è mai successo... come faccio proprio ora a lasciarla qui da sola? La prego, mi lasci almeno stare su una poltrona."

"Ma lo vede anche lei dove lavoriamo, no? Qui non c'è posto, c'è spazio solo per i loro lettini: è un reparto piccolo, si può dare fastidio agli altri. Comunque vedremo. Domani, se vuole, parleremo anche di questo. Faremo il possibile. Adesso però la devo salutare. Buona notte."

Buona notte: cosa vuol dire darsi la buona notte, qui? Aspetto che l'infermiera se ne sia andata, mi avvicino al letto di mia figlia. Sara mi guarda, non parla. Ha capito, ha capito tutto. Tutto quello che c'è da capire: cioè poco, perché non c'è nulla da capire davvero in un posto così. Solo le cose più stupide: l'ospedale, il reparto, i medici con le penne nel taschino, l'infermiera, la boccia per la fleboclisi attaccata al trespolo, una goccia, un ago che entra nella vena, un cerottino che lo trattiene. Null'altro. Il resto non lo si conosce, lo si teme e basta.

Adesso c'è il sonno. Arriva piano e mite, come una benedizione. Ma non per tutti. Per Sara sì, per altri no, questa notte. Altri bimbi non ce la fanno a dormire, piangono, urlano, si oppongono all'oscurità e al destino. Qualcuno ha il singhiozzo: solo qui si può capire che anche le cose più normali possono diventare segni di una tragedia.

Il dolore sale come la nausea, indecifrabile e denso: è troppo forte, devo uscire.

È notte fonda, ormai. Appena fuori dalla porta a vetri del reparto, figure di donne, anime dolenti appoggiate alle pareti luccicanti di vernice beige; le più fortunate sono sedute su poltrone di finta pelle verde. Ascoltano la notte e le urla dei loro piccoli, non parlano, non c'è niente da dire, nemmeno più da piangere. Ascoltano la loro impotenza, la loro rabbia afona. I loro occhi mi sfiorano appena, lo sguardo è impedito come in una nebbia fitta. Evidentemente io per loro non sono neanche una novità, non c'è nessun confronto da fare. La speranza è molto lontana da qui.

Ogni tanto, una delle ombre si muove un poco, ma non si allontana dalla porta a vetri: sembra che cerchi solo un altro punto di vista. Silenzio, poi urla roche, poi ancora pianto ovattato. Sento i miei passi sul linoleum screziato di azzurro. Attraverso i corridoi del policlinico, rimbombano della mia presenza.

Stordita, rintronata, non so cosa fare. Non vorrei fare nulla, è accaduto tutto e troppo per fare.

Mio marito non è nemmeno a casa, non sa nulla: come posso raccontarglielo al telefono? Non ho voglia di incontrare nessuno, nemmeno lui, mi sento egoista, forse ne ho bisogno. Nemmeno ai miei figli riesco a pensare, non voglio farmi vedere da loro, non posso spiegarmi, non ce la faccio a mentire. Non voglio domande, non potrei sopportarle. Penso solo a domani, a rivedere mia figlia.

È l'alba, sono davanti alla porta a vetri come le altre donne. Non ho dormito, a casa sono andata a leggere il mio vecchio libro di neurologia. Ho rivisto le parole che sottolineavo in rosso e in blu per l'esame. Mi sono ricordata di quando mi dicevo "pensa che sfiga deve avere un bambino per prendersi uno di questi tumori: capita una volta su un milione".

Mio marito adesso sa. Ha aspettato in silenzio che io leggessi quelle pagine, voleva che scandissi quei nomi soffici: astrocitoma, oligodendroglioma, glioblastoma. Tante parole per descriverli, pochissime per dire che a loro non si sopravvive.

Tra poco mio marito verrà qui per parlare con i medici. Ma non mi importa. Ormai tutto quello che accadrà sarà mio, solo mio. Con chi potrei condividerlo? A un tratto mi sento sola, tutta.

Sara ha vomitato, è bianca come un cencio. Appena mi ha visto mi chiesto di portarla a casa.

"Tra qualche giorno... devono fare solo degli esami e poi ce ne andiamo via da qui... non ti preoccupare, passerà presto... vedrai..."

L'infermiera è sbrigativa. Le chiedo se questa notte potrò dormire lì, se mi posso portare una sdraio da casa. Non mi guarda, dice solo che non c'è posto.

Non c'è posto per chi? Qui non c'è posto per nulla, nemmeno per il dolore. Questo non è un luogo, è un incubo. Non voglio che Sara veda gli altri bambini senza capelli, gonfi, sformati. Non voglio che senta le loro urla quando vedono arrivare i medici per le medicazioni.

Ma dove siamo capitate, cos'è successo? L'altro giorno giocavamo, siamo andate a comprare dei vestiti per i fratelli, le ho dato anche uno schiaffo perché faceva la lagna. Cos'è successo che ci ha fatto piombare in questo inferno dove nessuno ti parla, nessuno ti guarda, nemmeno le altre mamme? Qui ci sono solo bambini che non sono più bambini, e ombre.

È arrivato il professore seguito da qualche altro medico e da un'infermiera che credo sia la caposala: è un po' più vecchia di quella di prima. Parlano piano. L'infermiera ha accompagnato le madri fuori dalla porta a vetri, l'hanno seguita senza fiatare, lo sanno che si deve fare così, lo fanno tutte le mattine.

Tre quarti d'ora dopo la porta si riapre e la piccola corte esce in fila indiana. Non si può parlare, non si può chiedere, solo dalle 4 alle 5 di pomeriggio. Un giovane medico si stacca dal gruppo e mi si avvicina.

"Ancora non sappiamo niente di nuovo. Venga con suo marito dopodomani a mezzogiorno, il professore avrà qualche elemento in più per valutare la situazione. Arrivederci."

"Sua figlia presenta una forma molto rara di tumore. Si tratta di un oligodedroblastoma. È un tumore molto invasivo, rapido. Purtroppo gli esami hanno confermato quello che temevamo. Adesso tenteremo con dei nuovi farmaci: sono efficaci, ma molto pesanti. Non c'è alternativa. Mi spiace."

"Dunque Sara... quante speranze..."

"Poche, pochissime. Faremo tutto quello che è nelle nostre possibilità, ma non ci resta molto tempo."

"Cosa vuol dire? Quanto tempo?"

"Qualche mese, al massimo: dipende da come reagisce ai farmaci; può darsi anche qualcosa in più, ma non posso illudervi, non sarebbe corretto."

Ha l'aria fredda il professore, un'aria distaccata, non trasmette nessuna emozione. Probabilmente queste cose lui le dovrà dire quasi tutti i giorni. Ma non a me, non a noi. Adesso tocca a Sara.

Mi devo organizzare, devo resistere per Sara, non per me né per nessun altro. Adesso esiste solo lei. Non voglio avere tempo di pensare, non serve.

Non voglio spaventare Sara, so che è una bambina forte, una che non ha mai avuto paura: forse nemmeno adesso ne avrà. Solo potrebbe avere paura delle mie paure, che poi sono le peggiori, quelle che non danno riparo. Dunque non posso avere delle paure, io. Ma non posso nemmeno mentire. Non posso nemmeno essere stanca. Devo farcela, sopra tutto, contro tutto.

Da qualche giorno il lettino vicino a Sara è vuoto, brutto segno. Il materasso è stato arrotolato, sembra che quell'anima sia volata via. Faccio finta di non capire ciò che tutti sanno senza domandare. A vivere qui dentro si impara che la morte è un evento quotidiano previsto e prevedibile, forse auspicabile.

La notte aspetto che l'ultima infermiera vada via per scavalcare quelle sbarre d'alluminio. Mi accovaccio sopra il materasso, la coperta l'ho portata da casa nascosta nella borsa. Spero che non mi veda nessuno; ma qui nessuno ti guarda, nemmeno le altre mamme mi dicono niente: che senso avrebbe lottare per il diritto di dormire vicino a una figlia che si avvicina alla morte, di accompagnare le sue ultime notti: si può chiamare diritto, questo? Eppure mi sento in colpa perché io sto distesa qui in questa camerata mentre loro sono fuori nel corridoio appoggiate alle pareti ad aspettare l'alba, ad aspettare che apra il bar giù all'ingresso, ad aspettare l'infermiera, ad aspettare di aspettare ancora. Ma tanto nessuno dorme, né io né loro, e nemmeno i bambini dormirebbero, se non fossero tramortiti dai farmaci.

Passo le ore nel buio a guardare i display delle macchine, dei respiratori automatici: luci verdognole lampeggiano regolarmente come metronomi che scandiscono il tempo della resa. Perfino i monitor possono fare compagnia. Mi ritrovo incantata a guardare i grafici delle pulsazioni di piccoli cuori stanchi passare veloci: tutto ciò che resta della loro vitalità viene riassunto in qualche cifra luminosa.

Poi arrivano inesorabili le luci vere, quelle dell'alba: ti dicono che un'altra nottata è passata e nessuno è morto. Tra poco arriverà l'infermiera a controllare la temperatura, devo scendere in fretta dal letto, riarrotolare il materassino, rimetterlo com'era ieri sera. Ho la schiena a pezzi, la bocca secca. Sara dorme ancora, ma nemmeno adesso i suoi occhi chiusi sembrano sereni.

Scendo al bar, giù nell'androne del policlinico: è l'unico scampolo di umanità, finalmente un posto sporco ma vivo. Il vociare dei baristi sembra perfino troppo allegro. Anche un caffè disgustoso versato in un bicchierino di plastica può sembrare un eccesso di privilegio. Accanto al bar c'è perfino il giornalaio, unico tramite verso il fuori, esile riferimento di una città che continua a esserci senza accorgersi di questa sua piaga malata. Qualche paziente in pigiama si avventura tra le riviste, accarezza le copertine incellofanate. Qualcun altro acquista un quotidiano. Anch'io mi avvicino, ma non oso.

Torno nell'androne, con la coda dell'occhio vedo una sagoma scura appoggiata al banco del bar. Lo riconosco dal cappotto, è Xavier. Non avevo mai visto mio marito a quell'ora di mattina in un luogo pubblico. La barba incolta, gli occhi stanchi, gira lentamente il cucchiaino intorno ai bordi del bicchiere di caffè: è totalmente assente. Lo guardo da lontano: pover'uomo, come si è invecchiato in poche ore. Mi avvicino senza fiatare, lui mi guarda ma i suoi occhi non chiedono nulla. Aspetto che finisca il caffè, poi silenziosamente ci dirigiamo verso le scale, saliamo lentamente verso il reparto. Dopotutto non abbiamo fretta.

Sara sta un poco meglio, ma non riesce a sorridere. I farmaci danno qualche speranza, contribuiscono all'illusione: unica dea di questo luogo. Approfitto di una mattina di sole per portare Sara a prendere un po' d'aria nel giardino dell'ospedale. Per ottenere una carrozzella bisogna aspettare che qualche altro bambino sia ritornato al suo letto. Mi vergogno di non attendere altro che il rito lento di un bimbo costretto a rientrare sul suo materassino, tra sbarre di alluminio, nella sua cuccia di dolore. Finalmente siamo pronte: il plaid sulle gambe, la bottiglia coperta di carta stagnola appesa sopra il suo capo e legata all'avambraccio da un tubicino di plastica dentro cui scivola la sua vita rimasta.

Per raggiungere qualche raggio di sole occorre effettuare un percorso paradossale e obbligatorio: il giardino infatti è posto subito dopo il reparto dei bambini prematuri. È un breve viaggio dalla morte alla vita che, visti da dietro il capo sobbalzante di Sara, sembrano luoghi confinanti, ed entrambi svuotati.

Sono passate poche settimane e il male procede implacabile: i farmaci riescono solo a rallentarlo, solo gli effetti collaterali sembrano essere evidenti. Nei pochi momenti in cui si sente meglio, Sara mi chiede di pettinarla e di truccarla, vuole che le presti il mio rossetto, poi si guarda allo specchio: ogni volta spero che non mi chieda perché i capelli le stanno cascando a ciocche.

Ma forse qualcosa di misterioso le dice che quelle domande non hanno una risposta pronunciabile. Così la sua unica richiesta è di tornare a casa.

Ieri sera Xavier le ha portato dei giornaletti e ha incollato le figurine di Topolino e di Minnie sulla testata del letto. Poi le si è seduto vicino, ma non è riuscito a dirle nulla, nemmeno a guardarla, nemmeno a piangere. Sara ha più coraggio di lui, di tutti noi.

"Non ce la faccio a sopportare tutto questo... lo so che penserai che sono un codardo, una merda... ma è che proprio non ce la faccio. Eccomi qui... è vero quello che dici: non sono neanche un buon padre... hai ragione, non so darle niente, sono capace solo di portarle qualche giornaletto e qualche figurina. Non riesco neppure a stringerle la mano, perché mi sento morire... mi capisci, cazzo... non ce la faccio."

Xavier trema, passeggia agitato su e giù per il corridoio. Gli dico di andare a casa, di non preoccuparsi per me. Mi fa pena, ma non lo sopporto. E poi non vedo l'ora che vada via e mi lasci sola con Sara.

Rientro in reparto. Sara ha gli occhi socchiusi, le ciglia umide. Tra le dita emaciate stringe i pezzi stracciati delle figurine di Topolino e di Minnie.

Questa mattina c'è uno strano fermento. Al bar ho saputo che domani madre Teresa di Calcutta verrà a visitare l'ospedale. L'infermiera ha convocato le mamme per dirci che passerà anche nel nostro reparto. Infatti fin dal mattino presto sono arrivate delle nuove poltroncine: dicono che sono per noi, per stare vicine ai lettini. La caposala informa e comanda: madre Teresa di Calcutta arriverà a mezzogiorno, si tratterrà un quarto d'ora, benedirà tutti i bambini. Tutte le mamme dovranno rimanere sedute sulle poltroncine e potranno salutarla solo quando sarà vicina al lettino senza trattenerla più a lungo. È comunque proibita la presenza di più di un parente.

Qualche minuto dopo mezzogiorno il corridoio comincia ad affollarsi. Molti medici, molte suore, molti giornalisti. Il professore è in prima fila ad attendere: è la prima volta che lo vedo animato. Il brusio annuncia l'arrivo. Madre Teresa non guarda nessuno, i medici la sovrastano gesticolando: probabilmente cercano di spiegarle qualcosa di quel luogo. Non si ferma ad ascoltare, procede piano ma spedita. Entra nel reparto attraverso la porta a vetri inverosimilmente spalancata. Si ferma per un attimo a osservare la stanza, poi si accosta al primo lettino, accarezza un piccolo cranio pelato, poi la fronte della madre. Guarda gli altri bambini, è ancora più piccola e curva di come me la immaginavo: se non si avvicina ai bambini, potrà vedere solo i piedi dei loro letti. Poi, rapidamente, come tutto fosse già previsto, si sposta al centro della stanza. Lesto il professore si avvicina al suo fianco porgendole un bambino, quello che sta meglio. Dietro si assiepano gli altri medici, la caposala, qualche infermiera e qualche suora. Un nugolo di fotografi si parano davanti a illuminarli con i flash.

Pochi minuti. Madre Teresa ha già ripreso il suo cammino, lo sguardo lontano, non una parola, non un gemito. Dietro, si allineano tutti gli altri, qualcuno accenna persino a un sorriso. Il loro rumore si allontana. Un'infermiera richiude la porta a vetri.

Verso sera, poco prima della cena, un paio di operai vengono a portare via le poltroncine: ci dicono che devono restituirle al reparto da dove sono state prelevate.

Sara si aggrava. Non riesce più a smettere di urlare. Mi sembra di impazzire. Mi aggrappo a qualsiasi cosa. Xavier viene sempre più di rado, rimane sempre meno in reparto, mi attende in corridoio. Non parliamo più. Sono tre giorni che ho chiesto di incontrare il professore: nessuna risposta.

Finalmente, dopo una settimana, mi accordano la visita. Xavier vuole esserci. Il professore è seduto su una poltrona di pelle nera dietro a una scrivania ordinata. Su un piano della libreria spiccano due grandi cornici d'argento con le fotografie di due bambini sorridenti. Il professore ha il tono distaccato di sempre. Usa le parole come pietre, ci sbatte la verità in faccia: a Sara non rimane più molto da vivere. Sempre meno, sempre meno.

Ma io non voglio la verità, la conosco già. Voglio qualcuno che mi illuda, qualcuno che mi tratti come una bambina che deve essere rassicurata. Non voglio ascoltare un verdetto, voglio una bugia. Non voglio essere consolata, ma ingannata. Non me ne frega niente di sapere che cosa è eticamente corretto in questo inferno. E poi cosa c'entra l'etica e la deontologia professionale con questi bambini, con questo reparto, con questo professore. Qui non c'è più nulla, nemmeno Dio.

Questa mattina in reparto è arrivata una dottoressa nuova, ma non è giovane. Parla con un medico del reparto, non vogliono farsi sentire: ogni tanto ci guardano. Si avvicinano, il dottore me la presenta. La dottoressa lavora al reparto di rianimazione, si occupa di terapia del dolore. Mi dice che devono iniziare un nuovo trattamento per non farla soffrire ma che questo la renderà sempre meno cosciente. Sara non mi chiederà più di essere portata a casa.

Dal primo giorno ho notato che a fianco del reparto c'è una camera singola. Non l'ho mai chiesto, ma per un po' ho pensato che fosse riservata a qualche bambino privilegiato o affetto da una malattia contagiosa. Poi, dalle regole del reparto, ho capito. La caposala mi ha detto che domani ci trasferiscono in quella stanza.

È una stanza spoglia, bianca. Ha due letti, uno di grandezza normale: per me. C'è perfino un bagno riservato. Questa è l'ultima stanza per Sara.

Ma Sara non se ne è accorta. Respira male, però non si lamenta più. È irriconoscibile, gonfia, le labbra livide. Una sera, la vedo svegliarsi improvvisamente dal torpore: mi guarda, mi sfiora la mano, poi con un filo di voce mi chiede un spremuta di arance.

"Me la fai tu?"

Sara sorseggia piano, come volesse farsela bastare il più a lungo possibile.

"Che buona," bisbiglia soddisfatta; poi si assopisce di nuovo e più profondamente.

Xavier passa tutto il suo tempo in piedi nel corridoio.

Sara sta lasciandomi, ma per me le giornate scorrono come sempre: cos'è questa forza che ci fa resistere all'impossibile, che ci trattiene dal fuggire, dall'urlare, dal morire?

È arrivata la caposala, si siede vicino al lettino, guarda Sara che dorme, ascolta il suo respiro stentato. Mi si avvicina.

"Ora dovrà prepararsi."

"A che cosa?"

"Al trapasso, signora."

Cosa vuol dire trapasso, che cosa succede, come si fa a prepararsi al trapasso? In queste settimane io mi sono abituata a sentire la morte come un incubo che sarebbe svanito al mio risveglio: la morte non esisteva o solo per gli altri bambini. Per Sara no, lei è più forte e poi ha me. Non è così?

Che cazzo vuol dire questa caposala? Perché deve morire adesso? L'abbiamo aspettata, la morte, ma non è venuta. Perché proprio adesso? E poi come si fa a imparare questa cosa, chi me la insegna, chi mi ha mai detto che un giorno sarei dovuta stare vicino a mia figlia nel momento del suo trapasso?

Questa volta sento di non farcela, è troppo. È troppo.

Entra Xavier, ci sediamo ognuno su una sponda del letto di Sara. Così ci hanno detto di fare: non capisco più niente, non so più far niente. Non respiro, non piango, non guardo. Ecco, adesso non sento, non voglio guardare. Portatemi via di qui, non posso guardare.

La caposala è stata tutto il tempo dietro di noi. Ora si avvicina, lenta. La guardo. Forse mi dirà che Sara dorme solo più profondamente. Le stacca la fleboclisi. È finita.

E adesso mi dica, lei: ha mai provato a guardare una figlia che se ne va, senza parlare, senza nemmeno un gemito? Le è mai capitato di dover spingere la barella di una figlia dentro una cella frigorifera? Eh, le è mai capitato? Che ne sa lei di tutto questo? Che ne sapete, voi?

Tornare a casa senza Sara. Guardare le facce dei miei figli. Prepararsi per il funerale, per incontrare parenti che non vedo da anni, amici contriti che si rifanno vivi. Tutti che ti guardano, tutti che ti dicono che è stata una disgrazia incredibile, che Sara era la più bella bambina del mondo. Xavier tace, si è chiuso nel suo studio, sente la sua musica, non vuole vedere nessuno. Tocca a me fare tutto, firmare i moduli, pagare le pompe funebri, consolare i parenti. Chiudere a chiave la stanza di Sara, anche questo tocca a me. Ma anche questo finisce. Anche il camposanto. Anche i parenti escono di qui. E la casa torna vuota: i ragazzi vanno per un periodo dalla nonna, io e Xavier vaghiamo per le stanze cercando.

Sara adesso abita vicino a un paesino in montagna. Ci andavamo l'estate a trovare i nonni, a Sara piaceva. Adesso farà freddo, ma le sarebbe piaciuto tornare lì.

Passa inesorabile il tempo, passano gli anni. I ragazzi crescono, Xavier lavora come un pazzo, sembra non voler far altro. Anch'io ho ripreso a fare qualcosa, ma piano: devo andare piano, adesso. Mattia e Lorenzo non mi chiedono mai di Sara, nemmeno Xavier ne parla, solo io la nomino: il più delle volte lo faccio da sola.

Mia madre non la sopporto più, non sa dire altro che non ci devo pensare tutti i giorni, che mi fa male, che devo tornare a mangiare con appetito, che mi devo comprare qualcosa di nuovo da mettermi, che devo pensare anche ai ragazzi, anche a Xavier. Ma perché mi devo sentire in colpa se non posso dimenticare, come potrei scordarmi il suo viso violaceo, le sue labbra secche? Come si fa? Insegnatemelo voi, me lo insegni lei.

Xavier ce l'ha fatta a dimenticarsi tutto o almeno così lui vuole che sembri. Lui pensa ad altro, esce alla mattina presto e torna alla sera tardi, certe volte nemmeno per cena. Dice che è pieno di lavoro. Dice che non sopporta più di vedermi così. Dice che bisogna tornare a vivere.

Xavier non ha mai voluto andare a trovare Sara al cimitero in montagna. Ci sono sempre andata da sola: qualche volta mi ha accompagnato, ma è rimasto al paese ad aspettarmi.

Solo mio padre sento che mi capisce perché non mi parla mai: mi guarda dolce e basta.

Lo so bene, lo vedo: Xavier si sta staccando da me e io mi sto staccando da lui. E pensare che l'ho sempre amato molto, Xavier. È stato il mio primo uomo. Ci conosciamo dal liceo: lui era bello e tutte le ragazze erano pazze di lui. Io lo guardavo sempre da lontano, non osavo avvicinarmi, mi sembrava che non ci fosse spazio per me. Non ero bella come le altre e nemmeno la più brava a scuola. Poi un giorno mio padre mi disse che aveva invitato a cena una coppia di suoi amici dell'ambasciata francese con il loro figlio: era lui. Non ci siamo più lasciati.

Xavier il più bello, il più intelligente, il più affascinante: mi sembrava impossibile che pensasse a me, che volesse me, proprio me. E poi l'università, lui geologia, io medicina. Ci siamo sposati che aspettavo Mattia. Che gioia quella panciona che Xavier esibiva al matrimonio per far andare il sangue alla testa a sua madre e alla mia.

Viaggiavamo, lo seguivo ovunque, sempre con Mattia in braccio. Dappertutto fino in Australia, fino in Africa dove sono rimasta incinta di Lorenzo. Lui è nato a Lagos: mia madre mi telefonava disperata per convincermi a tornare perché lì, da quei selvaggi, saremmo certamente morti sia io che lui. Povera mamma.

Finalmente, dopo un paio di anni, siamo ritornati in Italia. Qualche comodità in più, un po' di aiuto per i bambini: posso riprendere a studiare medicina. Tutto tornato normale; Xavier guadagna un po' meno, ma almeno non dobbiamo vivere negli alberghi e spostarci ogni sei mesi. Ho ritrovato i miei vecchi amici di scuola. Con Xavier va bene, mi ama con passione: anch'io non mi stanco di desiderarlo, sento il suo odore addosso come una seconda pelle, scelgo quell'uomo ogni giorno di più.

Poi, quando ormai Mattia va a scuola e Lorenzo all'asilo, arriva inaspettata Sara. Forse Xavier si preoccupa perché teme che io possa interrompere ancora gli studi: ci ha sempre tenuto che diventassi medico. Ma io non ho mai smesso del tutto di studiare: l'esame di clinica medica l'ho fatto che mi mancavano poche settimane a partorire.

Ma adesso tutto è tornato vuoto. Vivo sospesa. Nemmeno i problemi finanziari di Xavier riescono a preoccuparmi: la sua società non va bene come un tempo, forse la sua decisione di mettersi in proprio è stata un po' avventata. Sento che rappresenta una vita che non mi riguarda, non più di tanto.

So bene il rischio che stiamo correndo, ma non riesco a credere in lui come un tempo: anche il desiderio si sta stemperando, senza che da parte di entrambi si opponga resistenza. L'odore intenso della sua pelle mi è rimasto, ma solo questa esile sensazione mi appartiene. Tutto è cambiato, nulla può tornare come prima: forse è anche l'averlo scoperto così fragile di fronte alla morte, così egoista. È riuscito solo a proteggere se stesso. Probabilmente non è stata la perdita di Sara a trasformarlo, forse è proprio lui che è fatto così. E allora non mi piace più. Avevo creduto che il suo modo di fare prepotente fosse il segno della sua forza, invece è solo arroganza superficiale, incapacità di mediare: solo ora ho scoperto che Xavier è un uomo rigido, capace di funzionare solo se tutto fila liscio. Quando le cose improvvisamente si mettono male, lui reagisce come se il destino ce l'avesse con lui, solo con lui. Non credo di sbagliarmi: penso che la morte di Sara l'abbia sofferta anche perché gli ha tolto spazio e attenzione. Infatti adesso non sopporta che io la pensi ancora invece di dedicarmi a lui, ma io avrei bisogno di prendere e non di dare, come ho sempre fatto. Avrei bisogno di tempo, in fondo sono passati solo tre anni: ma per lui sono diventati troppi, per me sono pochi.

Mi chiedo perché siamo diventati così diversi: forse è una questione di sensibilità o di intelligenza. Sensibilità e intelligenza: per tutta la vita mi sono sentita gravata dalla mia sensibilità e dalla mia intelligenza, le ho sempre vissute come colpe, qualcosa di cui farmi perdonare. Ma la sensibilità e l'intelligenza servono anche per generare il dubbio, dunque funzionano come ammortizzatori che frenano l'impatto con la realtà più dura e atroce. Forse Xavier il dubbio non ce l'ha, non se lo permette, ha bisogno di essere veloce, lui. Invece il dubbio frena, dunque addolora.

L'ho scoperto per caso. Mattia mi stava spiegando come si usa il computer. Un file: Teresa. Aspetto che Mattia se ne vada, poi lo apro. Come è possibile? Teresa, la sua segretaria, una donna tanto insignificante, nemmeno così carina, nemmeno così giovane, nemmeno così intelligente. Lo interrogo, Xavier nega l'evidenza: più che altro mi ferisce la sua stupidità, il suo modo puerile di giustificarsi, l'incapacità di assumersi una responsabilità. Non sopporto la sua tendenza a rispondere del proprio comportamento scaricando sugli altri il proprio senso di colpa: come fa a dire che ha dovuto cercare un'altra donna perché io, da quando è morta Sara, non sono più la stessa? Non posso assumermi questa colpa: Sara non è morta solo a me, è morta a tutti. Mi sento ferita, lacerata, ancora una volta.

Tutto è scontato, banale, codardo. Ma non riesco a far finta di nulla, non riesco nemmeno a pensare che se ho sofferto per Sara non posso certo star male per Xavier e la sua squallida storia con la segretaria. Non riesco a sdrammatizzare, non ce la faccio a vivere questa storia come una scappatella senza peso. In altri momenti avrei ingoiato quel boccone amaro per il bene dei figli. Adesso no, non posso più.

Forse non riesco nemmeno a capire perché lo ha fatto, come ha potuto, dopo quello che è successo. Forse stava troppo male, ha cercato qualcosa che lo facesse stare ancora peggio, che lo facesse sentire ancora più un uomo finito. Ma aveva me, perché non ha preso me? Non gli basto più, ecco perché, non gli garantisco di crollare, di sfracellarsi: sono ancora un pezzo di vita per lui.

Non riesco a non pensare a questa storia. Anzi più passano i giorni, più questo tradimento mi brucia e somiglia all'abbandono più cinico, più crudele. Eppure invece che contro di lui, mi sembra di essere capace di usare la violenza solo contro me stessa. Mi disprezzo fino al punto di voler vedere quella donna: la devo incontrare. Così un giorno che Xavier è fuori città l'aspetto fuori dall'ufficio all'ora di chiusura. La vedo uscire con un'amica. È ancora peggio di quanto mi ricordavo: volgare, vestita come una ragazzina di dieci anni più giovane, ridicola. Appena Teresa mi vede si blocca, l'amica si dilegua. Rimane immobile, in silenzio, gli occhi leggermente abbassati; si aggiusta nervosamente il collo di pelliccia del cappottino. La guardo, mi fa schifo ma anche una grande pena. Anch'io mi faccio pena, per come mi sto degradando.

Senza che io le chieda nulla, Teresa comincia una lunga serie di spiegazioni, ancora più squallida perché sembra preparata per un incontro aspettato da tempo: Xavier le ha detto che da molto siamo in crisi, che abbiamo deciso di rimanere assieme solo per i figli, che entro qualche settimana lui avrebbe chiesto la separazione e che sarebbe andato a vivere con lei.

Ora riesco ad ascoltarla senza provare nulla. Quel suo solipsismo mi induce una sorta di curioso straniamento: più continua a parlare, più riesco ad allontanarmi da lei, da quelle parole, da Xavier. Eppure so che tutto ciò non può farmi stare meglio: il suo balbettio mi segue fino a casa, fino dentro il letto dove mi infilo completamente vestita. Xavier torna a notte fonda, mi trova addormentata. Mi sveglia e mi chiede cosa è successo: riesco a dire solo le cose essenziali. Poi gli urlo di lasciarmi in pace.

Mi sento sempre più anestetizzata, do corpo alle ombre più scure, non riesco più a garantire me stessa.

Da un po' di tempo non riesco nemmeno ad andare al lavoro, anche se quello che ho trovato mi piace: sostituzioni di guardia medica, andare a casa della gente, cercare di aiutare chi ha paura, sentirmi necessaria. Adesso anche questo mi rimbalza addosso, mi sento incapace di reagire. La mattina non riesco ad alzarmi dal letto, non mi va di fare nulla, nemmeno le cose per i miei figli. So che li sto trascurando e so che loro non c'entrano: li guardo e mi vergogno della mia incapacità di reagire.

Vorrei tornare bambina, vorrei che mio padre venisse a prendermi e mi portasse a passeggiare tenendomi per mano. Vorrei non essere mai stata madre, né moglie, né donna. Mi accorgo che tutto quello che ho vissuto è stato doloroso, ma io non ho mai voluto credere che la vita debba inevitabilmente prevedere di patire, anzi quel catechismo che si basa sulla sofferenza mi è sempre stato estraneo. Perché dovrei vivere il mio dolore come una specie di pedagogia coatta dell'esistere: chi l'ha detto che la sofferenza redime?

Sara è il mio vero vuoto e non lo voglio riempire con quell'ipocrita demagogia teologica, l'unico aiuto prefabbricato e sterile che amici, parenti, persone di buon cuore mi hanno saputo offrire in questi anni. Non voglio accettare l'idea che la mia pena mi possa rieducare o maturare: mi ha solo frantumata, interrotta. Del dolore che ho conosciuto non me ne faccio nulla e in nessun caso me ne voglio fare una ragione: quello che ho perso è per sempre. Di ciò che ci potrà essere in futuro non me ne frega niente.

Xavier insiste a considerare la sua relazione con Teresa come la debolezza di un momento: così continua a dimostrarmi di non capire che il suo ridicolo tentativo di minimizzare offende la mia sensibilità ancor più del tradimento in se stesso. Eppure rimaniamo assieme: forse sono stati Mattia e Lorenzo a tenerci uniti, forse è stata la mia debolezza o la mia ignavia a prevalere.

Tutto è tornato a funzionare apparentemente come prima: io ho ricominciato a fare le sostituzioni di guardia medica, lui ad abbrutirsi col lavoro. Non mi preoccupo più del suo tempo e della sua necessità di evadere: il peggio è già successo, adesso potrebbe pure avere tutte le amanti che vuole, non cambierebbe nulla. Mi sembra strano frequentarlo così superficialmente: è stato l'uomo che mi ha dato e tolto di più, ma ora mi è estraneo. Lo sento in modo ambivalente, come fossi contemporaneamente interna ed esterna a lui: riesco sia a guardarlo da dentro intuendo ogni suo lato oscuro sia a osservarlo da fuori, e mi sorprende.

Mattia va all'università, Lorenzo fa l'ultimo anno di liceo. Hanno reagito alla morte della sorella in modo molto diverso. Mattia non dimostra alcuna apparente fragilità: non mi ha mai chiesto di Sara, non la nomina, non vuole nemmeno andarla a trovare al cimitero. Sul tradimento di suo padre sembra abbia cercato di assumere un atteggiamento di complicità maschile: minimizza, ironizza. Mattia non ama i conflitti, li teme troppo.

Lorenzo invece è sempre stato un ragazzo mite: la sofferenza è incisa su di lui come le rughe precoci che solcano il suo viso. Anche lui ha avuto necessità di rimuovere quella perdita, ma lo ha fatto in modo dolce, senza rabbia. Per un lungo periodo si è eclissato a se stesso, avvolto di silenzio. Lorenzo non ha potuto perdonare suo padre: non lo ha fatto certo per la necessità di solidarizzare con me, è lui che è diverso, che pensa differentemente.

Inevitabilmente, Lorenzo si è allontanato da suo padre e da Mattia.

Per me è stata una nuova rottura, questa volta prevedibile, ma che non sono riuscita a prevenire. Anche in questo mi sono sentita inadeguata, incapace di difendere i miei figli, cioè quel che di positivo resta della mia famiglia. L'unica cosa che mi è rimasta.

Che ci faccio allora qui, se non sono da nessuna parte, se non servo a nessuno? Che ci faccio assieme a un uomo che non stimo più, che subisco senza riuscire a opporre alcuna volontà? L'unica soluzione plausibile è quella di una più rapida deriva, di un allontanamento che proprio perché accelerato acquista dignità e senso. Mi convinco che la costrizione alla vicinanza non è una forma di affetto, ma solo un esercizio di ipocrisia.

Decido di farmi da parte: quella della lontananza è l'unica identità che mi sembra praticabile. Prendere le distanze da ciò che abbiamo di più caro non è forse una forma assolutamente speciale di amore, non è l'unico modo per misurare la consistenza del legame residuo? Spero solo che i miei figli non mi considerino vigliacca, questo proprio non lo potrei sopportare.

L'occasione viene da una febbre. Una febbre leggera che però mi costringe a letto una domenica d'inverno. Xavier entra ed esce di casa inquieto, presagisce qualcosa. Approfitto di vederlo aggirarsi per la camera da letto. Gli chiedo di sedersi. Lo fa lentamente, senza guardarmi. Gli dico che ho bisogno di un nuovo spazio tra noi. Gli dico che sono più di vent'anni che non me ne sto sola nemmeno per un minuto e che ne ho bisogno. Devo capire da sola dove siamo arrivati, lo devo capire senza i ragazzi, senza lui, senza i ricatti e le costrizioni di una quotidianità che non sento più mia.

Xavier annuisce senza fiatare. Mi prende una mano, sussurra "mi spiace... la colpa è tutta mia". Poi si alza, si accende una delle sue puzzolenti sigarette senza filtro, lentamente si toglie qualche frammento di tabacco dalle labbra secche. Questa volta mi guarda dritto negli occhi.

"Hai ragione tu," dice uscendo dalla stanza seguito dalla nuvola di fumo.

Quanto sono belli i suoi occhi celesti, quanto tempo è che non li vedevo guardarmi così dolci, lucidi, arresi.

Xavier mi ha chiesto se ho intenzione di andare da un avvocato per la separazione. Gli ho risposto che non ci ho ancora pensato, ma che comunque preferirei lo facesse lui. Questa mia richiesta sembra sconvolgerlo, forse si aspetta una smentita, un ripensamento. Ma non posso concederglielo, non posso tornare indietro, l'ho fatto tante altre volte: questa volta non c'è nessuna impulsività in me, solo una ragionata e pacata ostinazione. E poi penso che sia l'unico e ultimo modo per salvare ciò che resta del nostro rapporto.
Decidiamo di comunicarlo assieme ai ragazzi, lo faremo fra qualche settimana: tra pochi giorni Mattia dovrà affrontare un esame importante e tra un mese Lorenzo quello di maturità.

Xavier sembra cambiare ogni giorno di più: è ancor più silenzioso del solito, passa molto più tempo in casa, ma vive appartato, quasi non voglia essere di disturbo in un luogo che non sente più come proprio. Ogni tanto mi viene vicino e mi guarda, sembra stia per dire qualcosa che però subito cancella, come un brutto pensiero. Abbiamo deciso di continuare a dormire ancora assieme: la notte lo sento rigirarsi senza sosta. Comunica un'ansia inusuale. È strano vederlo così: anche nei momenti peggiori, Xavier è sempre riuscito a prender sonno e a dormire come un sasso. Forse anche per questo è riuscito a mantenere una lucidità e una freddezza irritanti proprio quando io mi stavo arrendendo alla vita.

Mattia ha superato l'esame, ha studiato poco ma è andato benino, come al solito. Lorenzo è agli sgoccioli della preparazione: tanto suo fratello è capace di essere strafottente e sicuro di sé, tanto lui fa trasparire la sua vulnerabilità e difficoltà a stimarsi, anche nello studio.

Dal giorno in cui ne abbiamo parlato per la prima volta, Xavier e io non abbiamo più affrontato il discorso della separazione. Ma questa breve e spontanea rimozione non sembra averlo minimamente rinfrancato. Anzi lo vedo ancor più svuotato, perso: nemmeno con Mattia sembra riuscire ad avere il consueto rapporto di complicità.

È una mattina presto, Xavier si è svegliato che ancora non era l'alba, è già uscito e rientrato due volte. Ieri sera abbiamo parlato di nuovo della separazione: l'argomento l'ho introdotto io bruscamente, forse troppo, ma mi sono accorta che non ce la faccio più a tenermelo dentro, non mi posso abituare a conviverci. Viene da me, si siede sul letto, mi stringe le mani. Lo scanso, gli chiedo di lasciarmi dormire ancora un po'. Sento che mi sussurra qualcosa, non capisco.

Quando mi alzo non lo trovo né in camera né in cucina, chiedo ai ragazzi, mi dicono che li ha salutati come dovesse improvvisamente uscire. Nessuno sa dove è andato. Questo vuoto non mi piace. Vado in bagno, c'è un block notes aperto sul lavandino. Sono due pagine scritte fitte, parole incise da una scrittura chiara, senza incertezze.

"Non ho saputo meritarti... sei più brava di me... non sopporto questo distacco... non sopporto l'idea che tu ti sia allontanata così... non posso pensare di stare senza di te, senza i ragazzi... non posso pensare che ho rovinato quello che di più caro ho mai avuto, ma non voglio distruggere ancora... voglio che tu sia libera da me, dai miei errori, dalle mie incapacità di essere l'uomo che tu hai conosciuto... ho sbagliato tutto... spero che un giorno tu possa perdonarmi, perdonare quello che farò. Peccato che tutto stia finendo in questo modo... mi sono illuso che il nostro amore potesse resistere a tutto, ma non è stato così... perdonami. Addio."

Continuo a leggere quelle parole. Che vogliono dire? Mi assale un'onda di panico che mi paralizza: non so cosa fare, non so se devo far leggere ai ragazzi queste pagine. Meglio di no. Telefono a mio fratello, l'unica persona che mi può aiutare. Arriva subito, dice che bisogna dirlo almeno a Mattia. Telefonano allo studio: nessuno. Telefonano a Teresa: non lo vede da due settimane. Nessun altro amico o collega sa nulla. In garage la macchina non c'è.

Tutto diventa chiaro, eppure tutti esitano a dare parole a ciò che temono. Avvertono la polizia: nessuna segnalazione. Dov'è?

Poi, come un presentimento, Mattia pronuncia un nome: quello del paesino di montagna dove riposa Sara. Io non posso andare lassù. Per favore andateci voi, io non ce la faccio.

Le ore passano pesanti come pietre. Non riesco a pensare a nulla, rimango seduta sul letto con in mano il block notes chiuso. Mi torna in mente la sensazione delle sue mani che mi stringevano mentre bisbigliava parole incomprensibili: cosa avrà voluto dirmi?

Suona il telefono: hanno trovato la macchina parcheggiata sul vialetto poco prima del piazzale del cimitero. Xavier è lì dentro, il capo reclino, il motore ancora acceso. Sul sedile accanto flaconi di farmaci vuoti e una bottiglia di whiskey. Non c'è più niente da fare.

È arrivata la polizia, il magistrato è già stato avvertito.

Non ho voluto andare a riconoscerlo all'obitorio; questa volta no, non voglio ancora vedere come è fatta la morte. Sono rimasta con Lorenzo. Sola.

Vanno via tutti, io sola rimango. Senza nessuno, senza poter parlare perché nessuno capirebbe. Chi mai potrebbe capire la rabbia che mi viene ogni volta che leggo quelle parole incise sul block notes? Cosa vuol dire "perdonami"? Ogni notte sento assalirmi la rabbia che mi viene a non riuscire a negare di sentirmi in colpa, a rigettare i dubbi ingiusti che emergono inevitabili come maree dense: forse non avrei dovuto chiedere la separazione, forse non avrei dovuto trascurarlo, forse non avrei dovuto allontanarmi, forse...

Ora chiedo a lei: quel suicidio non è stato forse l'atto più egoista che Xavier potesse progettare? quei dubbi che mi ha saputo insinuare non sono terribili ricatti affettivi?

E a me chi pensa adesso? I ragazzi hanno già vissuto troppo la morte perché qualcuno possa chiedere loro qualcosa, solo spero che riescano a dimenticare tutto quello che possono. La vita l'hanno ancora di fronte.

Io no, io ho la vita dietro di me, e la morte inchiodata dentro. Io non posso cancellare. Mi sento spolpata come un osso lasciato da un cane affamato.

Cerco qualcuno capace di illudermi, qualcuno che mi faccia credere che niente di quello che è successo è vero o che mi persuada che c'è qualcosa di più importante di ciò che viviamo. Ma io non credo. Quando Sara stava morendo ho provato a pensarlo, ma subito mi è sembrato un tradimento, come non avessi davvero voglia di aiutare lei, come cercassi solo di attenuare il mio dolore, di salvare me. La fede mi è sembrata una via di fuga egoistica. Così sono andata fino in fondo con Sara, senza premunirmi per l'impatto.

Ho bisogno di una persona che mi accolga, che prenda da me tutto il male che mi sono scavata dentro e lo converta in affetto. Ma la gente corre via distratta, ha paura, anche i miei figli hanno paura. E io li rispetto, proprio perché conosco troppo bene questa paura.

E poi la tristezza, quell'enorme tela di ragno che mi si appiccica addosso ogni volta che vado a dormire: vorrei qualcuno capace di scollarmela dalla pelle. O forse vorrei riprovare un'emozione così forte da riuscirci.

Dopo che Sara è morta e Xavier si è ucciso, ho pensato che sarebbe finito lì, il mio viaggio. Che cos'altro mi sarebbe dovuto accadere, cos'altro ancora poteva abbattermi definitivamente? Invece il viaggio deve continuare. Questo è il mio destino: andare fino in fondo, oltre il fondo. Oltre ogni speranza. E poi rimanere lì impotente a guardare l'abbandono.

Non sono morta, non sono morta con loro. Sono rimasta aggrappata ai miei sensi di colpa come agli scogli dopo un naufragio. Mi sento in colpa di camminare, di respirare.

Posso vivere? Posso desiderare qualcosa?

Lo chiedo a lei: posso vivere, così?

Dopo l'esplosione si ricomincia dalle cellule. E io me le sto contando, una a una: quante ne saranno rimaste vive? mille, un miliardo, tre? come faccio a farle stare insieme, a cucirle con un filo che si è tutto rotto? chi mi aiuta? me lo dica, me lo dica lei.

Intorno si apre un vuoto terribile, spesso, impenetrabile. Quel vuoto mille volte aperto adesso ho paura mi si riapra mille altre volte e mi porti via l'ultima cosa cara: i ricordi, i ricordi dei sentimenti.

Non sono qui perché ho bisogno di cure ma di cura, di rassicurazione.

Ho diritto a essere ascoltata, perché il dolore e la morte li ho ascoltati sempre da sola. Ho bisogno di accoglierla, quella morte. Cerco una condivisione, una complicità che mi permetta di non spaventarmi più. Ce la farò?

Tante volte mi sono chiesta se avrei sofferto di meno se solo fossi stata più superficiale: com'ero forse prima di Sara e prima di Xavier. È strano, ma più la vita mi ha bastonato, più la mia sensibilità si è fatta esigente. È proprio il mio destino che ha perfezionato questo mio strano talento.

Eppure tutto ciò si è trasformato in un paradosso insopportabile. Da un lato tendo a non ripararmi più, a non difendermi: inglobo tutto il male, anche quello degli altri, senza apparente paura. Anzi mi sembra di non poter starne lontano. E l'accoglimento del male continua ad acuire la mia disponibilità a sentire e a capire.

D'altro lato, è proprio questa capacità che mi ha fatto crescere fino a rendermi temibile per gli altri, fino a costringermi a vivere incompresa. Credo che mi evitino proprio in quanto percepiscono che pretendo di più. Io invece vorrei trovare una complicità meno superficiale: ma più cerco il lato oscuro degli altri, più sono scartata.

Forse per Xavier non è andata così: lui è stato travolto dal dolore proprio perché ha tentato di respingerlo totalmente, di cancellarlo.

Sapesse quante volte la gente che mi conosce o che ha conosciuto la mia storia mi dice: ma tu sei più forte degli altri, tu sei la più coraggiosa. Invece no, non è vero, non voglio che sia così. Io sono esattamente come le altre donne, le altre mogli, le altre mamme. Ho diritto alla mia fragilità. Perché devo essere dannata a questo ruolo di donna forte, senza poter mai scendere da un piedistallo innaturale e ingiusto?

Da quando Xavier è morto, non sono più andata al cimitero. Mi piacerebbe poter tornare lassù come quando ci andavo con mia mamma a portare i fiori. Ogni volta correvo a vedere la lapide del nonno: sotto la foto sbiadita c'era scritto "Rapito da un fulmine". Per anni ho avuto la sensazione che fosse solo volato lontano. È il nonno che ho amato di più, eppure la sua morte è stata leggera, forse perché non mi ha lasciata sola: l'unica assenza che non ha significato abbandono.

Vorrei riuscire a portare i fiori a Sara e a Xavier, ma sarà possibile per me trovare una serenità che non sia annichilita dai sensi di colpa? Mi sarà possibile cercare e provare emozioni senza sentirmi subito egoista?

Ho sentito la storia del vecchio cinese e delle sue perle. C'era una volta un pescatore che portava un filo di perle intorno al collo.

Un giorno il filo si spezzò e le perle rotolarono tutte per terra. Disperato, il vecchio provò a cercarle con gli occhi: ma erano troppo stanchi e non le trovò. Provò con le dita: ma erano troppo inaridite. Provò con la lingua: ma era troppo tempo che non sentiva i sapori. Sempre più disperato, continuò a cercare usando tutti i suoi sensi. Ma ogni sforzo fu inutile. Quando aveva ormai smesso di sperare, inaspettatamente ritrovò, una dopo l'altra, tutte le sue perle.

Dunque il segreto sta in quell'*inaspettatamente*? Vuol dire che le emozioni, come l'affetto, non si possono pretendere dagli altri, ma occorre cercarle, cioè farle crescere dentro se stessi?

E chi ci insegna ad ascoltarle? Io non posso abituarmi a vivere in un mondo dove l'ascolto ha un prezzo, non posso delegarlo a una categoria professionale.

Non possiamo.

Stampa Grafica Sipiel
Milano, settembre 2001